改訂2版

相続専門の税理士、父の相続を担当する

ランドマーク税理士法人 代表税理士
立教大学大学院客員教授
清田幸弘

あさ出版

改訂2版にあたって

●早くから相続対策に着手することがますます重要になった

2024年1月1日から、相続に関する税制が大きく変わります。

大きな変更点は2つです。

1つは、**生前贈与の「持ち戻し」が3年から7年に延びた**ことです。

相続税を節税する目的で駆け込みで贈与をして財産を減らすことを防ぐために、これまで、相続発生から3年前までに贈与した贈与財産の額については、相続財産に加算して相続税が課税されていました。これが「3年以内の持ち戻し」です。

この持ち戻しの期間が3年前から7年前に延びました（2024年1月1日以降に贈与した財産に適用。持ち戻し期間は段階的に引き上げ）。なお、4～7年前の間に贈与した財産の合計額から、100万円を控除できます。

贈与税には、年間110万円までの贈与に対しては税金がかからない基礎控除があります。そして毎年、この範囲内で贈与をすることを「暦年贈与」といい、相続税を節税する有効な策の一つでした。

しかし、今後、この暦年贈与を使って、相続が発生するまで7年以上にわたって、毎年100万円を非課税で贈与した場合、**相続発生後に相続財産に加算される贈与財産の額が、単純計算で300万円から600万円に増える**ことになります（100万円控除後）。

もう1つの変更点は、「**相続時精算課税制度の見直し**」です。相続時精算課税制度は一定の条件で行う贈与について、合計2500万円までは贈与税が発生せず、相続時に相続財産に加算して相続税を計算する、というものでした。ですが、額の多少にかかわらず贈与をするたびに申告する必要があり、煩雑さなどから、利用が進んでいない状況がありました。

この制度に関して、2024年からは、**年間110万円までの贈与については申告が不要になり、かつ相続が発生したときに、年間110万円以下の控除額については相続財産に加算しないこととされました。すなわち、非課税となったのです。**

なお、相続時精算課税制度を利用できるのは、原則として「60歳以上の父母または祖父母などから、18歳以上の子または孫」への贈与が対象です。また、一度この制度を選択すると、前述の暦年贈与を使うことはできません。

今回の税制改正によって、明らかになったことがあります。

それは、**これまで以上に、相続対策をできるだけ早く、計画的に始める必要が強まった**ということです。

持ち戻しの適用を受けないようにできるだけ早く、暦年贈与を始める。

相続時精算課税制度と暦年贈与、いつ、どちらを選択するか方針を決める。

2024年から生前贈与のルールが変わる!

❶ 相続開始前に贈与があった場合の相続税の課税価格への加算期間の見直し

① 相続又は遺贈により財産を取得した者が、当該相続の開始前**7年以内**（現行：3年以内）に当該相続に係る被相続人から贈与により財産を取得したことがある場合には、当該贈与により取得した財産の価額（当該財産のうち当該相続の開始前3年以内に贈与により取得した財産以外の財産については、当該財産の価額の合計額から**100万円を控除**した残額）を**相続税の課税価格に加算する**こととする。

② 上記の改正は、**令和6年1月1日以後**に贈与により取得する財産に係る相続税について適用する。

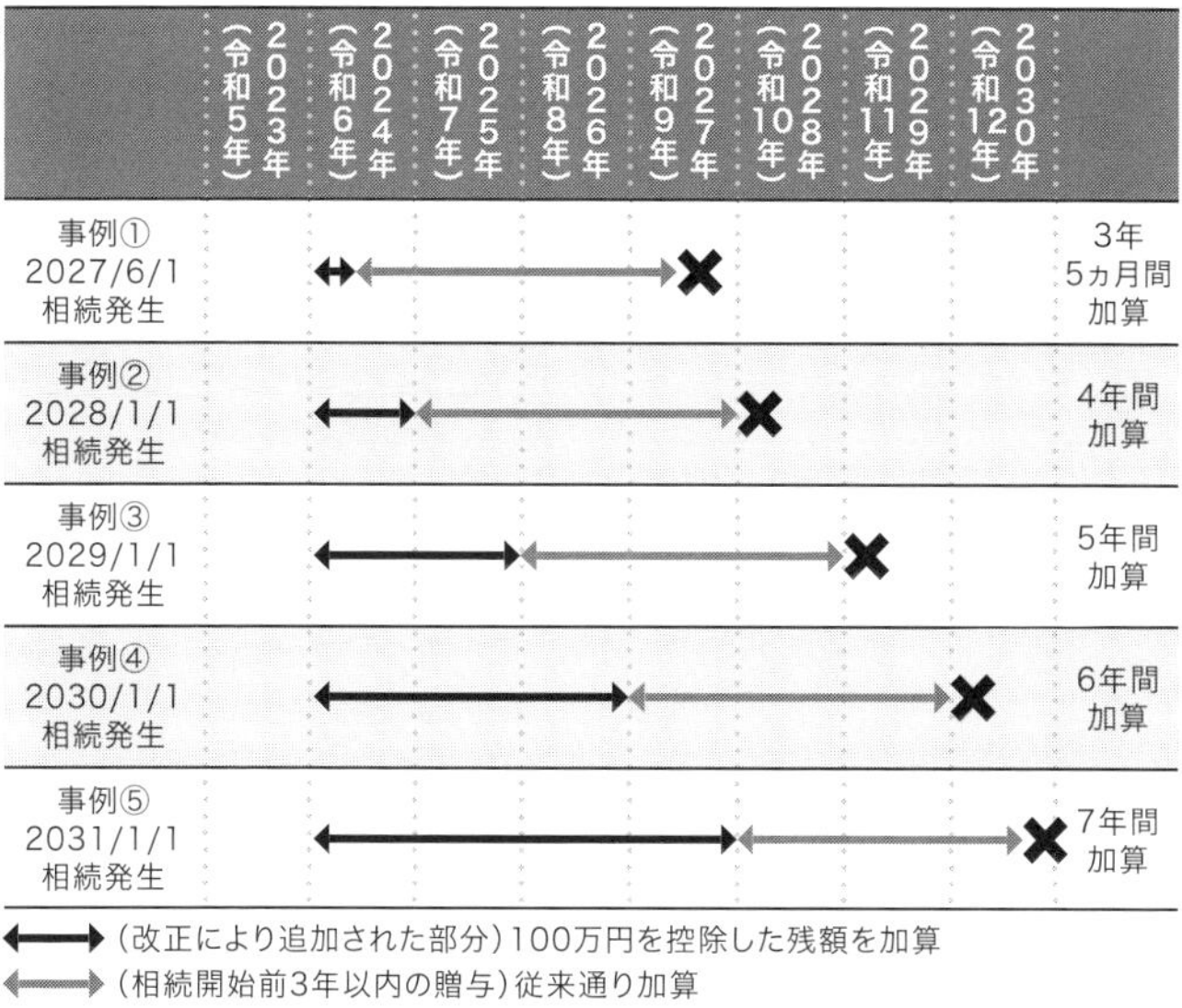

2 相続時精算課税制度の見直し

① 相続時精算課税適用者が特定贈与者から贈与により取得した財産に係るその年分の贈与税については、**現行の基礎控除（累積 2,500 万円）とは別途**、課税価格から基礎控除 **110 万円**を控除できることとする。

② 特定贈与者の死亡に係る相続税の課税価格に加算等をされる当該特定贈与者から贈与により取得した財産の価額は、**上記の控除をした後の残額**とする。

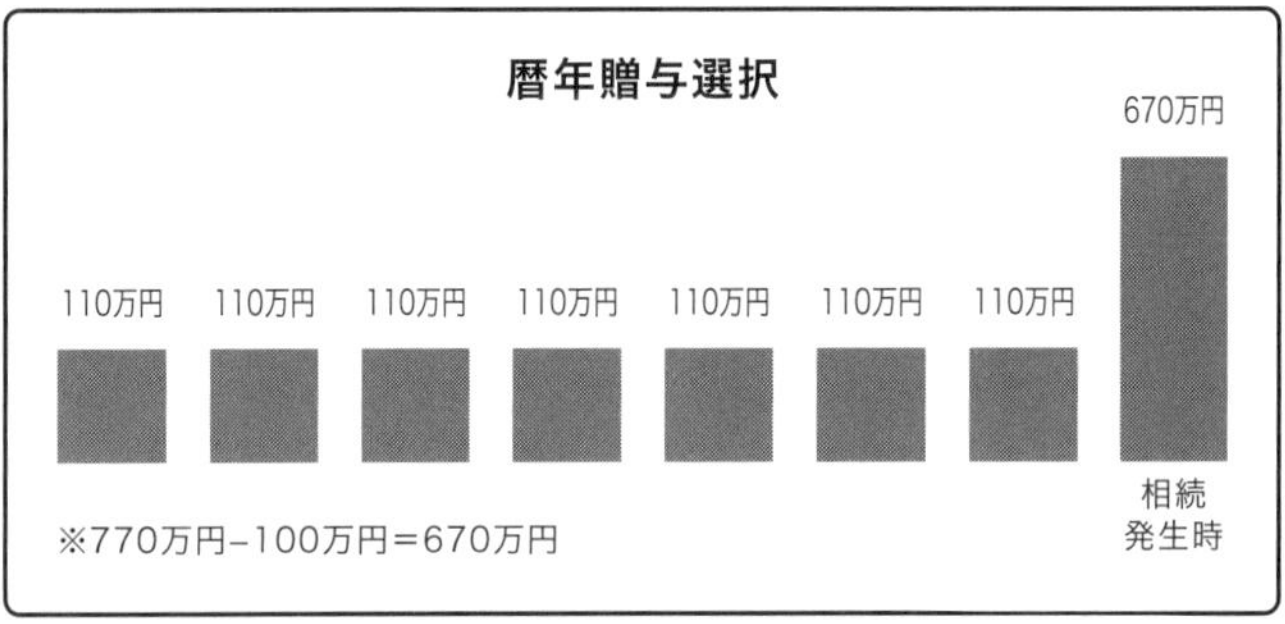

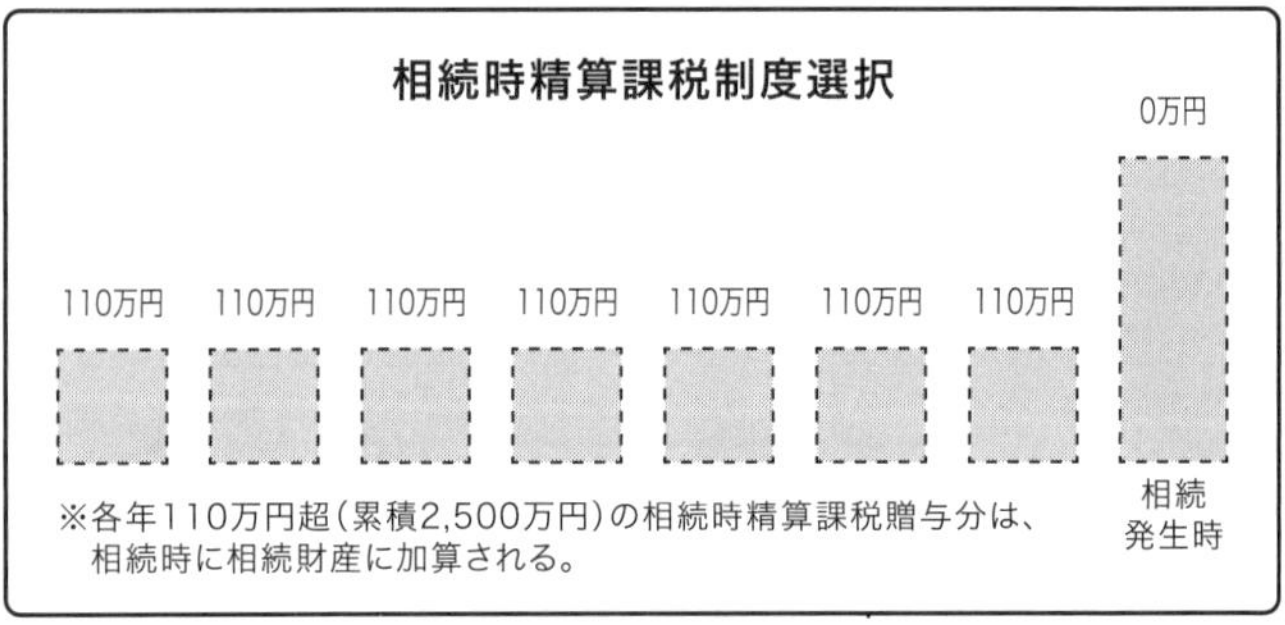

早期の着手が、節税だけでなく、相続そのものを、穏やかに、幸せに進めることにつながります。

本書は、2022年に出版した拙著『相続専門の税理士、父の相続を担当する』の改訂新版です。今回の税制改正の内容を反映したうえで、旧版と同じく、父の相続に備えて20年以上にわたって行ってきたことを中心にまとめています。

お読みいただくとわかるように、早く、計画的に対策を行っても想定外のことが起こる。それだけ難しいのが相続です。

だからこそ、相続対策を早く始めることは大切であると、専門家として、当事者として実感をもってお伝えすることができます。

私の経験が、みなさまの助力になれば幸いです。

ランドマーク税理士法人代表税理士　清田幸弘

父へ

こんにちは
税理士の清田《せいた》です
税理士には専門とする得意分野があります
私の専門は資産税です
資産税
特に財産を相続したときかかる相続税では　これまで6800件超の申告をしてきました
6800件
超
自分で言うのもなんですが日本トップクラスです
相談件数は2万4000件を超えます
ちょっと自慢です
相続税の申告件数は増加傾向にあります

令和3年分における
被相続人数(死亡者数)
約143万人
(前年対比 104・8%)
143万人
13万人
そのうち相続税の
手続きが必要だった人は
約13万人
(同111・5%)
実は、相続時の
トラブルが
増えているのは
ご存じですか?
2000年8889件
2021年13447件
20%
20年
財産が多い人だけ
でしょう……?
と思われがちですが
特に資産5000万円
以下の方の争いが
全体の約8割なんです
5000万円
以下

相続はお金のことに加えて感情もからむのでとても難しい案件です
これまでさまざまな案件を担当してきましたが……
多くの方にご満足いただいています
今回一度も経験したことのない初めての案件を担当することになりました
それが自分の父の相続でした

はじめに

●「相続専門税理士」として、父の相続を担当する

私は、1997年に税理士になってから、数々の相続案件に携わってきました。

私が代表税理士を務める「ランドマーク税理士法人」は、相続税をはじめとする資産税に特化した税理士法人で、相続税の申告件数は約6800件を超えています（相続相談件数は2万4000件超）。

約6800件もの相続案件に関わり、さまざまな事例を経験してきた私が、2021年に、

「これまでに一度も経験したことのない、特別な相続案件」

を担当することになりました。

それは、

「自分の父親の相続」

です。


2021年4月、私の父、清田康明が90歳で亡くなりました。

父の死後、相続が発生。私は「相続専門税理士」として、

「父を被相続人（財産を譲り渡す人）」

「母、姉2人、私の4人を相続人（父が持っていた財産を譲り受ける人）」

とする相続税の申告、相続手続きを任されたのです。

●土地があるからこそ、相続はややこしくなる

私の生家は、400年以上続く農家で、代々、山林や農地を受け継いできました。

父はまだ小学生だったときに、先代（祖父）から土地を譲り受けています。当時の民法は、「長男が跡取りとして財産のすべてを受け継ぐ」ことを認めていたため、「相続」を経験することなく、父は早世の先代に代わって、家長になったわけです。

父にとって、先代から受け継いだ農地、土地、山林を守るのは当然の役目だったはずです。

ですが私には、父が亡くなる20年以上前から、税理士の知見として、

「このまま土地を所有し続けると、将来、相続手続きが難航する」

「土地をそのまま守り続けることが、結果的に家族に不利益をもたらす可能性がある」

「このまま農業を続けても、事業として成立しない」

と、危機感を抱いていました。

父は農地のほかに、高低差が20m以上もある山林といった「問題地（有効活用ができない土地のこと）」や「行政によって開発を制限されている土地」を所有していました。

こうした空き地は、

「土地としての評価が低い（売却しにくい）」

「収益力がない」

「固定資産税がかかる」

「維持費、管理費がかかる」

といった理由から、不良資産になります。

土地を持っていても、現在の税制では、相続税や固定資産税が重くのしかかり、何も対策を講じなければ、資産は目減りする一方です。


一般的に、都市近郊農家の農業所得は、さほど多くありません。

「現預金はない。収入も少ない。けれど、利用価値の低い土地だけはたくさんある」という実情を改善しなければ、「相続税を払うこと」も、「相続手続きをスムーズに進めること」も難しくなることが私には予想できました。

そこで私は、父と相談をして、「父がまだ元気なとき」から、

「問題地の解消」
「農業に代わる現金収入の確保（賃貸事業）」
「不動産管理会社の設立」
「生前贈与」
「遺言書の作成」

など、「①相続対策（相続税対策）」と「②相続税の申告、納税の対策」に取り組みはじめたのです（①と②の具体的な対策については、第2章以降で説明します）。

その結果、**相続税を「約30%」も減額させることに成功しました。**

父の相続で行ったこと

①相続対策（相続税対策）
↓
「亡くなる前」にすること

- **最初にどれくらいの財産があるか調べる**
  - ▶財産を整理・把握する（不動産、金融資産など、どんな資産がどれくらいあるか）

- **分割対策 ➡ 相続争いを避けるためにすること**
  - ▶財産の分け方を決める（誰に、どの財産を、いくら譲るか）
  - ▶生前から財産を移す（贈与する）
  - ▶遺言書を残す（親の考えを子どもに伝える）　など

- **評価減対策 ➡ 相続税を軽くするためにすること**
  - ▶相続税の節税方法を検討、実施する
  - ▶税額控除（税負担が軽くなる制度）を利用する　など

- **納税対策**
  - ▶納税資金の確保の方法を考える

②相続税の申告、納税の対策
↓
「亡くなったあと」にすること

▶父が所有する不動産や預貯金の名義を変更する
▶相続税の申告をして、納税する
▶相続税を払いすぎていないか、見直す　など

●長男として、税理士として、「父の死」とどう向き合ったのか

私はこれまで、「相続の専門家」として、依頼者にアドバイスを送る立場でした。

今回は違います。

私も「相続の当事者」です。


「父親を亡くし、財産を相続することになった長男」

という立場と、

「相続を円滑に進め、相続税の申告、納税をする税理士」

という2つの立場で、自らの相続に関わることになったのです。

本書は、

「長男として、そして税理士として、父の長期の生前対策を中心に相続にどのように

向き合ってきたのか」

「父の死をどのように受け止めてきたのか」

その私の経験を通して、

「相続対策の大切さ」

「相続対策の具体的な方法」

「相続税の申告、納税の注意点」

をまとめたドキュメント（清田家の相続の記録）です。

●今や相続トラブルは、「お金がある人」だけの問題ではない

相続時のトラブルは、年々、増加傾向にあります。

最高裁判所の司法統計によると、２０００年時点で８８８９件だった調停・審判件数が、２０２１年には1万３４４７件に増えています。

相続問題は、多額の資産を保有している人にかぎった問題ではありません。相続財

産で争っている金額の割合は、「５０００万円以下」が約76％も占めています。

「うちには大した財産がないから、揉めようがない」と考える方もいますが、財産がなくても、人の感情はもつれるものです。


次ページに挙げた「５つ」の項目の中で、「ひとつでも当てはまる人」は、すぐにでも相続対策（相続税対策）をはじめてください。

そうしないと、

「相続税を余計に支払ってしまう」

「財産の相続分をめぐって、家族間でトラブルが起きる」

ことが考えられます。

早くから対策に乗り出すことで、

「資産を残す」

「節税する」

すぐにでも相続対策をはじめたほうがいい人

①

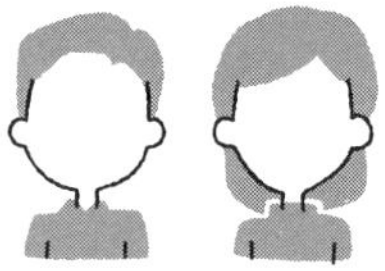

兄弟がいる人

②

土地を持っている人

③

相続税を払う
可能性がある人

④

子どもがいない人

⑤

顔を見たことがない
相続人がいる（特に甥・姪）

「家族の平和を守る（相続トラブルを回避する）」ことができるようになります。

本書が、みなさまの助力となることを願ってやみません。

ランドマーク税理士法人　代表税理士
清田幸弘

改訂2版

相続専門の税理士、父の相続を担当する

もくじ

第2章 父の相続対策をはじめる

第3章 父、亡くなる

第4章 父の相続の手続き・申告をする

おわりに

編集協力　藤吉豊（株式会社文道）
本文・カバーデザイン　ナカミツデザイン
漫画　櫨木清佳
漫画協力　有限会社Imagination Creative
漫画シナリオ　方喰正彰

第1章

私が「相続専門税理士」になった理由

清田家は横浜市で農業を営んでいました
残念ながら都市農家は稼げません
一所懸命働いても年収150万円というときもありました
一方　土地は広いので将来多額の相続税がかかります
でも父は農業をやめようとはしませんでした

代々受け継いできた
土地を守る想いが
あったからです
稼ぎは少ない
税金は高い
でも土地は売れない
三重苦でした
そんな父の姿を
見ていた私は
決断しました
父と同じように
困っている農家の
資産を守る仕事を
しよう！
そして
資産税を専門とする
税理士になったのです

農家の跡取り息子として、横浜に生まれる

私は、1962年（昭和37年）1月1日、神奈川県横浜市（緑区）の農家に生まれました（父は1931年、母は1929年生まれ）。

姉が2人いる末っ子長男で、農家の跡取り息子として育てられました。

清田家は、400年以上前から続く農業従事者です。

日本では、1947年（昭和22年）まで、家督《かとく》相続制度を取っていました。私の父は戦時中、1941年に、小学6年生で家督を引き継いでいます。

家督相続制度とは、

「一家の主人が亡くなったとき、長男が跡取りとして、財産のすべてを相続する」制度です。

家督

「跡取り」のこと。

相続

ある人が死亡した場合、その人が生前に持っていた相続財産を、一定の親族関係にある者（相続人、一般的には配偶者と子ども）が受け継ぐこと。

配偶者とは、法律上、婚姻関係にある者（夫または妻）のことです。

1948年（昭和23年）に民法が改正され、「均分《きんぶん》相続」という、長男以外の家族も相続人となる制度が施行されました。

均分相続
財産を何人かで相続する場合、その割合が等しく均等になるよう相続すること。
ただし、配偶者の相続分は特別扱いを受ける。

改正後は、
・配偶者が財産の2分の1を受け取る
・他の2分の1を子どもが頭数で分ける
という制度になっています。


現在の民法では、家督相続は廃止されています。

ですが、父のように均分相続を経験していない農家や、家族の土地建物を代々受け継いできた人の中には、

「実家を守るのは、長男の役目」

「長男は家業（農業）を継ぐもの」

という、家督相続の基本的な考え方がいまだに残っていることがあります。

父も長男の私に、「農家を継がせたい」と考えていたようです。

父は地元に対する貢献意欲の高い人で、自治会の会長を務めるなど、地域の役職を率先して引き受けていました。

「この土地で農業を続けていきたい。受け継いできた土地を守りたい」という思いを強く持っていたのだと思います。

都市近郊農家は、農業だけでは生活できない

両親は、土日祝日も、盆暮れ正月もなく農作業に励《はげ》んで、米のほか、ブロッコリー、ホウレンソウ、キュウリ、トマトといった露地《ろじ》野菜を収穫していました。露地野菜とは、ハウスや温室を使わずに栽培された野菜のことです。

私も子どものころから、両親の手伝いをしていました。草を刈ったり野菜を採ったり。ですが正直に言うと、私は農業が好きになれませんでした。理由は単純で、「友だちが遊んでいる時に泥だらけになるのが嫌」だったからです（笑）。

農業は、日本の「食」を支える大切な仕事です。ですが、家族総出で一所懸命働い

ても、都市部の農家はさほど儲かりません。どれほど丹精《たんせい》込めてつくっても、市場の状況次第で、農作物は驚くほど安価になります。汗水流して働いたからといって、報われるとは限らない。それが都市近郊農家の実態です。

都市近郊農家とは、大都市の周辺で農業をする農家のことです。都市近郊農家の場合、一般的には消費地に隣接し、旬の新鮮な作物を即日供給できるというメリットがあります。反面、一戸当たりの耕地面積が小さいため、兼業農家にならざるを得ないデメリットもあります。

都心部では、農業収入だけで生活している農家はほとんどありません。都市近郊農家のおもな収入源は、アパートやマンションなどの賃料収入です。

農林水産省が2011年に公表した「都市農業に関する実態調査結果の概要」というレポートによると、都市近郊農家の年間所得は約600万円。そのうち「農業所得」が占める割合は約25%に過ぎません。

約65%は、アパート、マンション、駐車場などの「不動産経営所得」です。不動産経営所得が8～9割を占める農家もあります。

経済合理性（合理的に判断したとき、利益があるか）の観点から見ると、わが家の農業は「経済合理性は低かった」と判断できます。

農業だけでは、現金収入が少なかったからです。

それでも両親が農業をやめなかったのは、「受け継いできた土地（農業）を守りたい」という思いがあったからです。

ですが、「守りたい」という気持ちだけでは生活は成り立たない。そこで父は、農業に注力する一方、1960年頃から、不動産賃貸業を手がけるようになりました。

私が大学を卒業するまでに父が所有していた賃貸物件には、

・戸建5軒
・アパート4部屋一棟
・アパート6部屋一棟

などがあります。

大学時代は、バックパッカーとして世界を旅する

中学校を卒業するまで、父は有無を言わさず、私を農作業に引っ張り出しました。ですが高校以降は、「手伝え」と言われることも少なくなりました。「農作業を手伝う時間があったら、勉強をさせたい」という思いがあったようです。

中学、高校時代の私は、「自分が農家を継がなかったら、この畑はどうなるのだろう?」と頭をよぎることはあっても、それ以上に「農業はやりたくない」という思いが強かったので、「農家を継ごう」と考えにくかった。

ただし、農家を継ぐことはなくても、「土地や不動産を継ぐことになる」のはわかっていました。私にとって、「家を継ぐこと」と、「農家を継ぐこと」は、イコールではなかったわけです。

「家を継ぐのは自分だろう。父のあとに土地を管理するのも自分だろう。けれど、農家を継ぐつもりはない」

「自分が継ぐのは家や土地であって、農業ではない」

と考えていました。

それほど農業を遠ざけていたにもかかわらず、高校を卒業すると、不思議と農業に引き寄せられることになりました。

「明治大学農学部　農業経済学科（現・食料環境政策学科）」に入学することになったのです。

明治大学農学部に入学したのは、「農業をやりたくなったから」ではありません。

「そこしか受からなかったから」です（笑）。

学部を問わず、偏差値に見合った大学をいくつも受験したものの、ことごとく惨敗。唯一合格したのが、明治大学農学部でした。

大学生活は、勉強そっちのけでアルバイトと旅行が中心。お金が貯まるとバックパックを背負って旅に出る生活でした。

ヨーロッパ、インド、タイ、インドネシア、フィリピン、アフリカ、モロッコ……。外国語に堪能ではありませんが、言葉は通じなくても、好奇心があればなんとかなるものです。ひとりで海外に出て、自分以外の意見や価値観を知ったことで、その後の視野が広がった気がします。

お金が貯まったら、日本を発つ。1ヵ月ほどで帰国する。そしてアルバイトを再開。旅費の工面がついたら、またバックパックを背負う。バイトと旅行の繰り返しです(時給がよかったので、消費者金融のマッチ配りなどをしていました)。

「農業嫌い」の私が、農家を支える仕事に就く

大学4年時は、就活を控えていたのでさすがに勉強をしたものの、「優」は2個だけ。バブル期で売り手市場でありながら、留年一歩手前の学生を好んで採用する企業はなく、応募できる就職先が狭くなっていました。

農学部から公務員になる人も一定数います。ですが私は公務員試験対策をしていなかったので、公務員の道はない。民間企業への就活をはじめたものの、一向に内定は出ない。

そんな私に救いの手を差し伸べてくれたのが、横浜北農業協同組合（現・横浜農業

協同組合）でした。

農業協同組合（農協、ＪＡ《ジェイエー》とも呼ぶ）とは、「相互扶助の精神のもとに農家の営農と生活を守り高め、よりよい社会を築くことを目的に組織された協同組合」です。「ＪＡ」という名称は、「農業協同組合」の英語表記の頭文字（Japan Agricultural Cooperatives／ジャパン・アグリカルチュラル・コーポラティブズ）をとってつけられたニックネームです。

農協は、農畜産物の加工や販売、スキルの指導、経営面でのバックアップを行う団体で、

・営農や生活の指導
・生産資材・生活資材の共同購入
・農畜産物の共同販売
・貯金の受け入れ

・農業生産資金や生活資金の貸し付け
・農業生産や生活に必要な共同利用施設の設置
・万一の場合に備える共済

などの事業や活動を行っています。

最初の2年は肥料を担いだり、お米の配送をしたり。その後は、「金融→営業→経営相談（税金の相談など）→経理」と実務のキャリアを広げました。

農協では、入社後に6ヵ月間の研修制度があります。在学中は最低限の勉強しかしなかった私ですが、研修中は勤勉に学び、さまざまな資格を取得しました。

宅地建物取引主任者、簿記3級・2級、珠算検定、危険物取扱責任者、毒物劇物取扱責任者……。

もっとも難関だったのが、東大・京大出身者も数多く受験するという「農業協同組合監査士」の試験でした。

農業協同組合監査士（農協監査士）とは、農協の内部監査をする国家資格です（制度が改められ、２０１９年10月以降、一定以上の規模を持つ組合の監査は公認会計士が行う）。

この試験に運よく合格。それも、「全国トップクラスの成績で合格したらしい」と聞いて、私は調子に乗りました（笑）。

「よし、次は税理士試験に挑戦しよう」

農協を退職し、税理士を目指す

大学時代から、「税理士になれたらいいなぁ」と思うことがありました。

私が税理士なら、父から財産を引き継ぐことになったとき、他の税理士に頼る必要はありません。

税理士に相続税の対策・申告を依頼すると、一般的には、遺産総額の0・5〜1％程度の税理士報酬が必要です。ですが私が自分で相続税対策・申告をすれば、「報酬分の節約ができるので、数百万は節約できるかも」と考えていました。

当時、横浜北農協には税理士資格に合格した先輩が3名いました。

先輩たちは、日中は仕事をし、夜は専門学校に通って勉強の時間を確保していましたが、私には同じようにできない個人的な事情がありました。

私の長男が車椅子生活だった上に、第2子の誕生が重なっていたのです。

妻の負担を軽くするためにも、私は、

「家にいる時間をできるだけ長くする」

「一時的に家業を手伝いながら、税理士資格の勉強をする」

ことに決めました。


そして、9年間在籍した農協を辞めて、あれほど嫌いだった「家業（農業）」を手伝うことにしたのです。

都市近郊農家の実情に、がく然とする

農業に携わった結果、私はがく然としました。都市近郊農家の経済合理性が思っていた以上に低かったからです。

冬の寒い日に、農作物に霜《しも》が降りないかと心配しては、畑を走りまわったことがあります。除夜の鐘を聞きながら、野菜を束ねて年越しをしたこともありました。

そうして家族父母私3人で一所懸命働いたのに、一家の年収が、

「わずか150万円」

だったのです。

子どものころの私は、「農業で稼げなくても、農家には土地があるから大丈夫だ」と考えていました。

ですが実際は、「土地があるからこそ、農家は大変」です。

土地には税金がかかります。相続等になると高額な税金を取られてしまう。年収は低くて税金が高い。これでは農家を続けるのは難しい。また土地ですので雑草もはえていきます。

「誰か農家を助けてくれる人はいないものか……」

「農家の資産を守るためのアドバイスをくれる人はいないものか……」

切望しても、その「誰か」はどこを探しても見当たりません。

「だったら、自分がその『誰か』になるしかない。自分と同じように苦しんでいる農家と、その家族を守る仕事をしよう」

都市近郊農家の不合理さを痛感した私は、「都市近郊農家の資産を守る、という発想を原点に据えた会計事務所（税理士事務所）をつくろう」と決意。

この思いが、税理士試験に向き合う原動力となりました。


昼間は農業と、家事と、長男の世話をする。

夜は専門学校に行く。

帰宅後は睡眠時間を削って自習する。

財政学を学ぶために、明治大学の大学院に通ったことも、会計事務所でアルバイトをしながら実務を勉強したこともあります。

働きながら税理士を目指す場合、平均合格年数は5～10年が相場と言われます。

私は「一日も早く税理士になって、開業したかった」ので、農業と家事・育児以外の時間をすべて勉強に費やし、農協を辞めてから3年後、晴れて税理士になったのです。

1997年に「清田会計事務所」を設立する

1997年、自宅の横の8帖のプレハブ小屋に、「清田会計事務所」の看板を掲げました。

都市近郊農家の場合、不動産所得が農業収入よりも大きいことが問題です。しかし当時、「農業」と「不動産」の2つを掛け合わせた税務がわかる税理士は、皆無に等しい状況でした。

相続により家業を継承できなかったり、相続税のために農地を手放す都市近郊農家も増えていました。

「先祖代々の畑も、売るほかないのか……」

「息子や孫のことが心配で……」

農家や地主の方々の悩みの多くは、やはり相続の問題でした。

この状況を変えたい一心で、清田会計事務所は、

「都市近郊農家の経営、存続、相続の支援」

という専門領域に特化したのです。


事務所を軌道に乗せるため、不動産業会社、農協、金融機関などを回って、顧客獲得に奔走。都市近郊農家が直面している相続・資産運用問題の解決に尽力した結果、

「農家の相続に強い事務所」

「農業のことをよくわかっている事務所」

として、清田会計事務所は少しずつ認知されるようになりました。

2008年、「税理士法人アグリコンサルティング」に組織変更

小さかった事務所は、農業経営や相続対策を手がけながら徐々に実績を積み、中小企業規模の組織になっていました。

そこで、設立11年目の2008年1月、清田会計事務所を「税理士法人アグリコンサルティング」に組織変更しました（この時点で、スタッフは30名）。

JR横浜線・中山駅前に支店を開設。

人材派遣会社「ジョブセンター横浜」とともに、「清田会計グループ」として、新たな一歩を踏み出したのです。

「アグリコンサルティング」では、「都市部の農家の税務」にとどまらず、個人事業主や一般企業（中小企業）の

・事業承継問題

・法改正に対応した企業会計サポート

までも視野に入れたコンサルティングを展開しました。

農家、地主、個人事業主、中小企業の相続、税務会計、資産運用などを手がける中で、弁護士、司法書士、不動産鑑定士、土地家屋調査士、社会保険労務士といったパートナーが加わり、複数の問題をワンストップで解決するコンサルティングファーム（企業の抱える経営課題を解決までに導く法人）ができ上がったのです。

「ランドマーク税理士法人」として、活動エリアを広げる

業務の拡大にともない、事業エリアも横展開。まず、神奈川県川崎市（麻生区）に事務所を開設しました。

同時に、横浜市内中心部にも事務所をつくることになり、「横浜ランドマークタワー」に事務所を開設。そのタイミングに合わせ、2009年に「税理士法人アグリコンサルティング」から、「ランドマーク税理士法人」に変更しました。

その後、東京都と埼玉県にも進出し、現在も支店を増やしています。

「ランドマーク税理士法人」事務所概要（2022年12月時点）

- 事務所 ……………… １３拠点
- 総人数 ……………… ３８０名
- 相続税申告件数（年間）…… １００６件（２０２２年度）
相続税申告総数は
約６８００件
（全国トップクラスの実績）
- 業務内容 ……………… ① 相続・事業承継対策支援
② 相続手続き支援、
相続税申告
③ 資産税コンサルティング
④ 税務調査対策支援
⑤ 決算、確定申告
（個人・法人）
⑥ セミナー開催
- 業務比率 ……………… 相続税・資産税（約50%）
法人・個人の月次顧問・
申告業務等（約50%）

ランドマーク税理士法人は、農家・不動産経営者の相続対策、中小企業の経営、マーケティングを行うコンサルティングファームです。

プレハブ住宅の「清田会計事務所」は、現在、13の拠点を持つ「ランドマーク税理士法人」へと成長。相続税の分野では無類の強さを発揮する専門家集団として、多くの顧客から信頼を獲得するに至りました。

そして、「高い相続税に悩む、地主農家を守りたい」という志を持って税理士になった私に、いよいよ、清田家の相続を手がけるときが訪れました。

第2章

父の相続対策をはじめる

相続対策の秘訣があります
それはとにかく早く始めること！
父にまったく収益を生んでいない裏山の処分を了解してもらうのに3年かかりました
売却できたのは、さらにその2年後でした
先祖が守ってきた土地を自分の代で手放すわけですから当然です

遺言を書いてもらうのには10年以上かかりました
どう進んでいる?
う〜ん
……
自分の死を想像したい人はいないから当然です
当事者になりあらためて相続は大変だと感じました
息子として父の想いを大切にしながらプロとしてさまざまな対策を少しずつ少しずつ進めていきました
生前贈与
会社設立
賃貸経営

亡くなった人から受け継いだ財産には、税金がかかる

●相続とは、亡くなった人の財産を譲り受けること

「私が父の財産を譲り受けるにあたって、どのように対策を進めたのか」をお話する前に、「相続」と「相続税」の基本的なしくみについてご説明します。

ある人が亡くなった場合に、その人が生前に持っていた財産（＝遺産）を、一定の親族が譲り受けることになります。

この「財産の譲り受け」を**「相続」**といいます（遺言によって相続人やその他の人

が財産を取得した場合は、「遺贈《いぞう》」といいます)。

亡くなった人(財産を譲り渡す人)

被《ひ》相続人。「被」は、「〜される」という意味をあらわす。相続される人=亡くなった人。

亡くなった人から、財産を譲り受ける人

法定相続人(以下、相続人)。

私のケースでは、「父」が被相続人(相続される人)、「母、姉、姉、私」の4人が相続人(相続する人)です。

財産には、現金、預貯金、有価証券、小切手、死亡退職金、死亡保険金、自動車、貴金属、美術品、土地、家屋、特許権、著作権など、

「金銭に見積もることのできるすべてのもの」

「経済的な価値のあるすべてのもの」

が含まれます。

借金や負債（住宅ローンや、未払い分の税金・家賃・医療費など）も、相続財産です。

●相続税は財産の総額にかかるのではない

被相続人（亡くなった人）から財産を譲り受ける場合、相続した人に納税の義務が生じます。この税金が「相続税」です。

相続税
亡くなった人から財産を相続したときにかかる税金のこと。

相続税は、財産の総額に対してかかるわけではありません。

相続財産になるもの、ならないもの

①課税財産(一部)

種類	内容
土地	宅地、田、畑、山林など
家屋	居住用家屋、貸家、倉庫など
設備	電気設備、ガス設備、衛生設備、門、塀、庭園設備など
構築物	ガソリンスタンド、橋、トンネル、広告塔、運動場など
事業用財産	機械、器具、商品、製品、原材料など
現金・預貯金	現金、預貯金、小切手など
有価証券	上場株式、取引相場のない株式、出資金、公社債、投資信託等の受益証券など
家庭用財産	家具、什器、備品、貴金属など
その他の財産	ゴルフ会員権、生命保険契約に関する権利、立木、特許権、貸付金、未収金、電話加入権、年金受給権、相続開始前3年以内に贈与された財産など
みなし相続財産	死亡保険金、死亡退職金 ※うち、500万円×法定相続人の非課税枠あり

②非課税財産(一部)

- ▶ 墓地、仏壇、仏具など
- ▶ 国などに寄付した相続財産

③債務・葬式費用

葬式費用や預かり敷金。借入金や未払い医療費などは債務控除の対象になる。

「基礎控除額《きそこうじょがく》」を超えた財産に課税されます。

控除とは、

「一定の金額を差し引く」

という意味です。

基礎控除額

相続税は、亡くなった人の財産の総額から「基礎控除額」を差し引いた金額に対して課税される。基礎控除額は、「3000万円を基本に、法定相続人ひとりにつき600万円」が加算。基礎控除額以下の財産については、相続税は発生しないため、申告も納税も必要ない。


【基礎控除額の計算式】

3000万円＋（600万円×法定相続人の数）＝基礎控除額

財産の総額から「基礎控除額」を引いた額を「**課税遺産総額**《かぜいいさんそうがく》」といいます。

課税遺産総額

相続財産から、基礎控除額を控除した金額のこと。

【課税遺産総額の計算式】

遺産総額－基礎控除額＝課税遺産総額

たとえば、「夫の相続財産が1億円」で、「相続人が4人（妻と子ども3人）」の場合、

・3000万円＋（600万円×4人）＝5400万円（基礎控除額）
・1億円（財産総額）－5400万円（基礎控除額）＝4600万円（課税遺産総額）

1億円の相続財産から基礎控除額の5400万円を引いた「課税遺産総額4600万円」に相続税がかかります。

「相続人が4人（妻と子ども3人）」のとき、亡くなった人の財産が、5400万円以下であれば、相続税はかかりません（財産が基礎控除額以下のため）。

課税遺産総額が多いほど、税率が高くなり、多くの相続税を払うことになります。相続は、相続人が亡くなってから開始されるため、相続人が亡くなる前から、相続対策（課税遺産総額を低くして、相続税を少なくするための対策）をしておくことが必要です。

●相続する財産の金額に応じて、相続税額が決まる

相続税の税率は一律ではありません。基礎控除の金額を超えた部分（課税遺産総額）を法定相続分で配分した額に応じて決められています。

基礎控除額と課税遺産総額の計算方法

相続財産が1億円、相続人が4人（妻と子ども3人）の場合

財産総額1億円

↓

基礎控除額5,400万円

3000万円＋（600万円×4人）

↓

課税遺産総額4600万円

この金額に
対して
相続税が
かかる

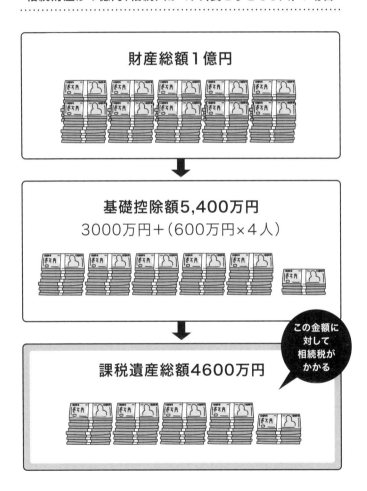

最低税率は10％、最高税率は55％です。

相続税額を算出するときに間違いやすいのが、「法定相続分で配分したのちに掛ける」ことです。相続税率は、「相続人に配分したのちに掛ける」のが、正しい計算方法です。

法定相続分に応じた税額を合計し、実際の相続割合で按分したものが各々の取得金額に応じた税額となります。

なお、財産・債務を実際に分割して債務が財産を上回る人がいる場合、上回る債務は控除することができません。

【手順】

相続税の税率と控除額

法定相続分に応ずる取得金額	税率	控除額
1000万円以下	10%	—
3000万円以下	15%	50万円
5000万円以下	20%	200万円
1億円以下	30%	700万円
2億円以下	40%	1700万円
3億円以下	45%	2700万円
6億円以下	50%	4200万円
6億円超	55%	7200万円

①課税遺産総額（基礎控除を超えた額）をいったん相続人に配分する。

相続人ごとに相続する割合が決まっています。この割合を「法定相続分」といいます。

【法定相続分】

・配偶者……特別扱いで、常に相続人になる。

・第1順位……子ども／子どもが死亡している場合、孫が相続人になる。

・第2順位……親／被相続人に子どもがいない場合、親が相続人になる。

・第3順位……兄弟姉妹／被相続人に親

も子どももいない場合、兄弟姉妹が法定相続人になる。


配偶者と子どもで相続する場合、法定相続分は、

「配偶者が2分の1」

「子どもが2分の1」

です。子どもが複数いる場合は、2分の1をさらに子どもの人数で割ります。

②各自の相続税率を掛けて、「各自」の相続税額を計算する。
※相続税率は71ページ表を参照

③全員の相続税額を合計する。

「相続財産が1億円」で、「相続人が4人（妻と子ども3人）」の場合の相続税額の計算例を見てみることにしましょう。

相続税の計算方法

相続財産が1億円、相続人が4人（妻と子ども3人）の場合

● **基礎控除額** …… 3000万円＋（600万円×4人）＝5400万円
● **課税遺産総額** … 1億円（遺産総額）－5400万円（基礎控除額）＝4600万円

× 間違った計算方法

4600万円（課税遺産総額）×20％（相続税率）
－200万円（控除額）
＝720万円（相続税）←間違った税額

◎ 正しい計算方法

課税遺産総額
4600万円

①課税遺産総額をいったん法定相続人に配分する。

2300万円	766万円	766万円	766万円

②各自の相続税率を掛けて、「各自」の納税額を計算する。

税率15%	税率10%	税率10%	税率10%
控除額50万円			
295万円	76.6万円	76.6万円	76.6万円

③全員の納税額を合計する。

＝524.8万円⬅正しい税額

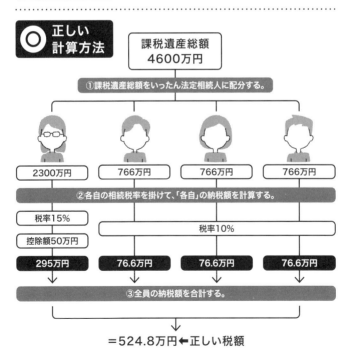

相続税は、「法定相続分」にしたがって財産を分割した場合の税金計算です。相続財産は、「必ずこの割合で相続しなければいけない」わけではありません。被相続人が遺言書に割合を指示したり、家族間で話し合って割合を決めることも可能です。各相続人の実際の相続税は、「受け取った相続財産の割合」や、税額軽減などの活用によって異なります（このケースでは524・8万円の税金を4人で均等に分けて支払うのではない）。

税額軽減とは、税金の負担を軽くするための制度で、配偶者控除、未成年者控除、障害者控除などがあります。基礎控除以外にも、「税金が安くなる制度」があるので、こうした制度を活用することが、節税につながります。

相続対策を「できるだけ早く」はじめたほうがいい理由

●「遺産分割トラブル」と、「相続税負担」を軽減する

親と相続の話をする場合、「親の死」が前提なので、人によっては抵抗を感じます。相続に関する話はデリケートであり、気心の知れた親子であっても、話しにくいものです。親と相続の話をしておきたくても、なかなか切り出せずにいる方も多いと思います。

それでも、相続対策は、できるだけ早めにはじめたほうが得策です。

「相続のタイミングは、いつやってくるかわからない」

「相続対策には、時間がかかる」

「相続発生後（親が亡くなったあと）では、相続対策はできない」

からです。親（財産所有者）が健康を損ねてしまったあとでは、相続対策を検討するのが難しくなってしまいます。

【相続対策を早くはじめたほうがいい2つの理由】

①相続人同士のトラブルを減らすことができる

「誰に、どの財産を、どれくらい残したいか」、遺産分割のしかたを遺言書（131ページで説明）に示しておけば、相続人同士のトラブルを減らすことができます。

遺言書を残していない場合、相続人同士が話し合って財産の分け方を決めることになります。相続人同士の利害が対立すると、遺産分割が難航することがあります。

遺産分割

各相続人に財産を分配する手続きのこと。被相続人の死後、相続財産はいったん相続人全員の共有財産になる。その後、遺産分割によって各相続人に分配される。

遺産と、相続財産（財産）は同じ意味。

遺産分割で不動産を保有しているのなら、生前のうちに分割しやすい他の財産や金融商品に置き換えることで、遺産分割がスムーズに進みます。

②相続税を軽減できる

相続税の負担を軽くするには、生前贈与（115ページで説明）や控除制度の活用、相続税評価額の引き下げなどがあります。評価額とは、わかりやすく言うと、「価格」のことです。

相続税を計算するには、財産の価値（財産がいくらになるか）を調べなくてはなりません。

相続税は、購入価格や建築費で決まるのではなく、相続税法や国税庁によって決められた「**相続税評価額**」（以下、評価額）を基準に計算します。

たとえば、現金を不動産に変えて相続すれば、現金で相続するよりも相続税評価額を引き下げることが可能です。

相続税評価額

財産の価値を決める場合、「財産評価基本通達」という評価基準で決める。この評価基準で決めた財産の値段が相続税評価額。

相続対策の最初の一歩は「裏山」の整理

●「相続の話」ではなく、「資産活用」の話として切り出す

清田家の場合、「父」から相続の話があったわけではなく、「私」から話を切り出しました。「清田会計事務所」を開業してすぐのことです（1997年ごろ）。

私から話を振った理由は、

・父は先代から「家督相続」によって財産を譲り受けたため、「均分相続」の大変さを知らない

・私は息子でありながらも、税理士として客観的、専門的な意見ができる

と考えたからです。

当時の私はまだ、相続税の実務には精通していませんでした。それでも農協時代から、農家の方々の

「農地が財産に含まれていると、遺産分割がまとまりにくい」
「農地は面積が大きいので、地域によっては評価額が高額になり、相続税が多額になる」
「農地を相続すると、固定資産税、維持費用などのコストや管理の手間が生じる」
「親が相続の方向性を示さないまま亡くなると、相続人同士が揉めやすい」

といった相続のトラブルを見ていたため、「早くから相続対策すること」の必要性を感じていました。

ただし、「相続対策をしたい」とストレートに切り出すと、父が機嫌を悪くするかもしれません。そこでまず、「税理士の意見」として、

「自宅の裏山が、不良資産になっている」
「うちは、現預金よりも土地のほうが多いから、**資産の組み換え**をしたほうがいい」

ことを指摘しました。

資産の組み換え

活用していない不動産を売却して現金化する、不動産を売却した資金で賃貸物件を購入するなど、高い収益を生むように転換すること。

自宅の裏山は、約1ヘクタール(1ヘクタールは、100m×100mの広さ)。収益性はなく、固定資産税だけがかかっていた状態です。「ほったらかし」にはできないため、草刈りもしなければなりません。1ヘクタールの山林を維持管理するのは、時間とお金がかかります。

利用価値があるのなら、保有することにも意義はあります。ですが、ただ持っているだけでは資産ではなく、負債です。

利用価値がなくても評価額はつくため、裏山を相続するときに相続税が課せられます。

父も当然、

「裏山には、農地や宅地としての利用価値はない」

「この裏山の相続には、相続税がかかる」

ことは理解していたはずです。

それでも父がこの土地にこだわったのは、

「代々受け継いできたものを、自分の代で手放すことはできない」

「売ってしまったら、土地を残すことができない」

という心情的、感情的な理由からでした。


裏山の整理をする前に、父の気持ちの整理が先決です。

父が「裏山を整理すること」に納得するまでに3年、裏山を整理するまでさらに2

年、裏山の売却には、「約5年」かかりました。

裏山を区画整理や宅地造成してから売却することも考えました。そのほうが高く売却できるからです。

区画整理

土地の区画や境界・道路などを変更・整備すること。

宅地造成

宅地以外の土地を住宅地にするため、土地の形状を変更すること。

ですが、

・工事費用は、土地の所有者が自己資金として捻出《ねんしゅつ》しなければならない（区画整理の場合は、補助金が出る）

・父が所有する裏山を区画整理すると、9割方、土地がなくなってしまうことから、山林の状態のまま売却しました。

「裏山の売却資金」は手をつけずに貯めて残し、父が亡くなったあとの「相続税資金」（納税資金）として使っています。父が亡くなってから慌てないように、「相続税を払うための現金は、父が亡くなる前からキープしておこう」と考えていたからです。

●問題地は、すみやかに解消する

市街地山林《しがいちさんりん》、耕作権《こうさくけん》（農民が土地を耕作する権利）の付いている土地などは、収益性や処分のしやすさの面からみると、一般的には不良資産化している土地といえます（収益がなく、売りにくい）。こうした土地のことを「**問題地**」といいます。

問題地は、他の資産に組み換えると、相続対策がしやすくなります。

不良資産化している土地「問題地」と解消例

●貸宅地

建物を建てて使用することを目的として、第三者に貸している土地のこと。

解消例 借主に買ってもらう交渉をする。

●耕作権の付いている土地

第三者に、耕作や牧畜をする権利を与えている土地のこと。

解消例 交換の特例を使って権利を整理したうえで売却する。

●市街地山林

住宅地内や住宅地に隣接する場所にある山林のこと（私が整理した裏山は市街地山林）。

解消例 そのまま売却する、あるいは区画整理や宅地造成をしてから売却する。

●市街化調整区域

乱開発を防ぐため、開発や建築が制限されている区域のこと。土地の利用にかかる規制が厳しく、原則、あらたに建築物を建てることはできない。

解消例 売却する。駐車場や資材置き場をつくる。土地の用途変更をする。

「引き継ぐ土地」と「それ以外の土地」に分けて、土地の使い道を検討する

●土地の売却は、不動産業者に依頼する

裏山を売却したあとも、残された土地の利用価値、資産価値に目を向けて、「山や坂、隣との境がしっかりしていない土地、資産価値が比較的低い土地は処分して、他の資産に組み換えていこう」

「相続評価ではほどほどの金額がつくけれど、いざ売ろうとするとなかなか難しい土地は、早めに整理しよう」

という発想で、相続対策を進めました。

父は、農地、市街地山林、市街化調整区域など複数の土地を持っていたので、「引き継ぐ土地とそれ以外の土地」に分けて、土地の使い道を検討しました。

【用途ごとに土地を分ける】

- **死守地：自宅や農地など、最後まで残さなければならない土地**
- **有効活用地：アパートやマンション、店舗を建てるための土地**
- **納税用地：空き地や駐車場など、納税資金を準備するための土地（売却しやすい土地）**
- **問題地：有効活用がままならない土地**

税理士は、土地の相続税評価額を割り出すことができます。ですが税理士にも、「その土地が売りやすいか、売りにくいか」「いくらで売れるのか」の判断は難しい。相続するときの評価額と、不動産を売買する際の価格は違うからです。不動産を個人が売却するには、不動産業者に依頼するのが一般的です。

不動産はすぐに売れるものではなく、不動産業者とは長期にわたって契約を結ぶことになります。

不動産業者が「売却前に倒産する」危険性もありますから、信頼できる不動産業者と契約を結ぶことが重要です。

私の場合は、全農（ＪＡグループの中で、畜産物の販売や生産資材の供給といった経済事業を担う組織）を通じて、不動産業者を紹介していただきました。

不動産業者の信頼度をはかる目安のひとつが、「宅地建物取引業の免許」です。

不動産売買の仲介をするためには、宅地建物取引業の免許が必要です。免許を交付した行政庁に行くと、「宅地建物取引業者名簿」を閲覧できます。この名簿を見ると、その業者の過去の実績や行政処分歴を知ることが可能です。宅地建物取引業の免許は5年に一度更新手続きを行わなければいけません。免許の更新回数が多いことも見分けるポイントのひとつです。

●市街化調整区域は「市民の森」へ

市街化調整区域内の土地は、開発が制限されています。開発の許可が下りにくく需要も低いため、売却できるとはかぎりません。

売却できたとしても、市街化区域（住宅建築を促進する地域）内の土地に比べると、価値（売値）は低くなるのが一般的です。

市街化調整区域内の土地が売却できない場合には、

・平面駐車場にする
・資材置き場にする
・太陽光発電を設置する

といった、自己活用を検討します。

父も生前、約1・5ヘクタールの市街化調整区域内の土地を所有していました。

収益性はないのに、固定資産税や管理費（草刈りをするだけで、年間約100万円）がかかるため、2016年以降は、横浜市の「市民の森」制度を活用しました。

市民の森は、各都道府県や市町村によって設けられた計画緑地です（すべての自治体に制定されているわけではありません）。

横浜市の場合、土地所有者と契約を交わした土地を市民の散策や憩いの場として整備しています。

横浜市の市民の森制度には、

・毎年度末に、緑地育成奨励金が支払われる
・更新契約時に継続一時金が支払われる
・固定資産税・都市計画税が減免される
・相続発生時に土地を買い取ってくれる

といったメリットがあります（運営・活用方法については、自治体ごとに異なる）。

父の死後は、売却の手続きをしています。

市街化調整区域では原則として建物を建てることができませんが、特別の許可を得て建物を建てることができる場合もあります。市街化調整区域内の土地を所有している場合は、

「市民の森制度を利用するなど、建物を建てない方法」
「土地の用途変更をして建物を建てる方法」
「平面駐車場や資材置き場をつくって自己活用する方法」

などを検討する必要があります。

アパート・マンションを建てると、相続税の節税ができる

●土地の評価額は、土地の使い方によって変わる

父は、1970年ごろから、賃貸物件の建設を本格化させました。

私が相続をした時点で（父が亡くなった時点で）、アパート、戸建て住宅、賃貸保育園、テナントなど、合わせて7棟の物件（60部屋）を所有していました。

「賃貸収入を得る（農業の収入だけでは生活ができない）」

「相続税の負担を軽くする」

ためです。

亡くなった人がアパートやマンションを所有していた場合、それらの不動産も相続財産です。アパートやマンションが相続財産となったとき、どのくらいの価値がつくのか、財産の価値を評価します。

土地の評価額は、

「その土地をどのように使っているのか」

によって変わります。

「土地として所有する場合」と「土地の上に賃貸物件（アパート・マンション）を建てた場合」では、評価額はどちらが高いと思いますか？

「土地として所有する」ほうが、評価額は高くなります。評価額が高くなれば、当然、相続税も高くなります。

一方、**賃貸物件を建てると、土地・建物の評価額が下がるため、相続税は少なくなります**。アパート・マンションを建てる際、金融機関から借り入れをしていれば、借入金を債務として控除できます。

マンションやアパートそのもの（建物）と、アパートやマンションが建っている土地（敷地）の評価は、別々に行います。

それぞれ評価の方法は、「自分が住むために所有している不動産の評価方法」とは異なり、独特の方法を用いて評価します。

たとえば、「評価額2億円」の土地に、銀行から「1億円」を借り入れて、「1億円」のアパートを建てたとします。

このアパートは、「評価額1億円の財産」になるわけではありません。評価のしかたの詳細は省きますが、アパートの引き渡しの時点では、「約6000万円」にまで下がります（アパートを建てたことで、「約4000万円」分減ったことになる）。

入居者を迎え入れると、さらに建物の価値が「30%」下がります。

入居者には「住む権利」が認められています。大家が「この入居者には出ていってほしい」と思っても強制はできないため、その分、価値が下がります。引き渡しが終わって入居者が入った時点で、アパートの価値は「約4200万円」にまで下がります。

建物と同じように、「土地」の評価額も下がります。

賃貸物件が建っている土地のことを「**貸家建付地**《かしやたてつけち》」といいます。

貸家建付地

第三者に貸すための建物が建っている土地のこと。


このような土地には、入居者にも土地を利用する権利が与えられています。その分、大家の権利は限定されるので、土地の評価額が下がります。

アパートの敷地の場合「18％」低くなる地域なら、評価額は「82％」になります。

土地の価格は「2億円」でしたから、「1億6400万円」まで下がります。

建物と土地を合わせた評価額は、「2億600万円」です。

これに、金融機関からの借入金「1億円」を差し引き、評価額を「1億600万円」にまで減らすことができます。

アパート・マンションを新築して節税する

評価額2億円の土地

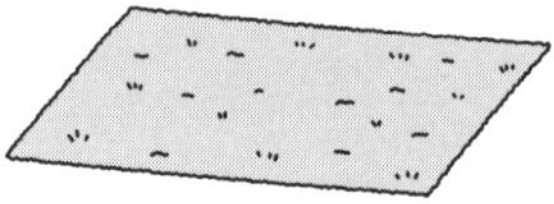

銀行から1億円を借りてアパートを新築

銀行

建物

引き渡し時の
評価は
6000万円

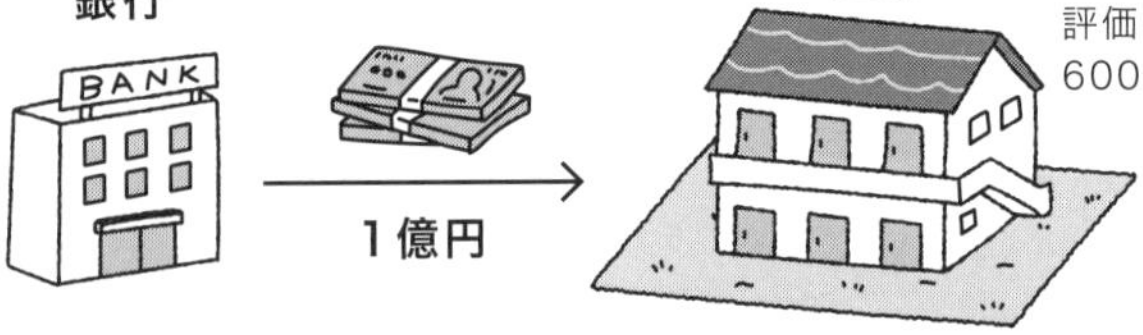

1億円

入居者を迎える

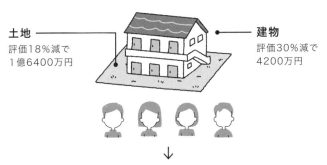

土地
評価18%減で
1億6400万円

建物
評価30%減で
4200万円

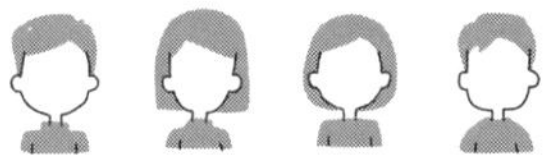

↓

建物4200万円＋土地1億6400万円－借入金1億円

＝1億600万円 9400万円評価減

賃貸経営には、リスクもある

●ただ建てればいいわけではない

アパートやマンションは、独特な評価方法で財産価値が決まります。土地のまま所有するよりも評価額は下がるため、相続税対策でアパートやマンションを建てる人もいます。

ですが、賃貸経営にはリスクがともないます。「土地のまま所有するより、賃貸物件を建てたほうが得」という単純な話ではありません。

【賃貸経営のリスク】

①空室が多いと家賃収入が見込めない

「自分の土地を守りたい」という理由から、多くの地主は、「自分の土地」にアパートを建てようと考えます。

ですが、その土地が賃貸経営に適しているとはかぎりません。

「駅から離れている」
「交通の便が悪い」
「お墓の近くにある」
「坂道が多い」
「日当たりが悪い」

など、周辺環境の悪い場所に建っていると、空室率が高くなる可能性があります。

【空室リスクを抑える立地の条件の一例】

・駅から徒歩10分以内にある。

・複数路線が利用できる。
・コンビニ、銀行、病院、ショッピングセンターなどの施設が近くにある。
・競合となるマンションが少ない。
・騒音が少ない、治安が良い。

また、少子化傾向は今後も続くため、長期的に考えると、賃貸物件の空室率が上昇することも考えられます。

相続税対策で賃貸物件を建てても、賃貸経営が赤字なら、子どもに負債を残すことになりかねません。

立地が良くないのなら、「土地を売却して得たお金で、『入居率が高い中古の物件』を購入する」ほうが家賃収入を見込めます。

父は、駅から徒歩13分ほどの場所に、築約50年のアパートを所有していました。このアパートは「築年数が経過している」「駅から10分以上離れている」ため、このまま所有しても空室率が高くなる危険性があります。

そこで、このアパートを手放して、駅前の中古マンションを購入。資産の組み換えを行いました。

②入居者が少ないと、借入金の返済ができない

賃貸物件を建てるには多額の費用がかかるため、自己資金だけでまかなうことはできません。返済期間の長い大きな借入れが必要です。

家賃収入でローンの返済をしようと計画しても、入居者がいなければ返済できず、負債だけが残ってしまいます。

③現金化に時間がかかる

土地は、建物が建ってしまうと売りにくくなるため、所有するすべての土地に賃貸物件を建てると、リスクが大きくなります。

相続が発生した場合、遺族が相続税を払うときに現金を持っていないと、「土地を売って現金をつくろう」と考えます。

ですが、建物が建っていると買い手を見つけるのに時間がかかります。

また、借入金の抵当権がついていると売却できませんし、売却できたとしても、借入金の返済で納税分がなくなるケースがあります。

④「家賃保証」を鵜呑みにできない

アパート・マンションの新築に際し、空室時の「家賃保証」をしてくれる管理会社があります。たとえ空室でも毎月の家賃を保証するしくみです。

空き室にかかわらず「毎月家賃が入ってくる」というメリットがある一方で、定期的に賃料の見直しがあるので、そこで家賃を減額される可能性があります。

物件を建てても、相続税対策にならなければ、意味がありません。

アパート・マンションの新築を検討する場合は、土地周辺にある他のアパート・マンションの入居率を調べて、利回り（支出に対する利益の割合）をきちんと計算し、「家賃保証会社に頼らなくても家賃回収ができるか」を試算することが重要です。

駐車場をつくると、評価額が下がることがある

●青空駐車場のままでは、評価額は下がらない

不動産は活用しなければ、税金などの維持費がかかるだけです。そこで私たちの場合、所有する土地の一部を「駐車場」にしていました。

多いときで、資産の約25％は駐車場でした。駐車場にしたのは、アパートやマンションよりも売却しやすいからです。すべての土地に賃貸物件を建ててしまうと、現金化に時間がかかります。

駐車場経営は、アパート・マンションに比べると収入は少ないものの、次のようなメリットが期待できます。

【駐車場経営のメリット】
- **アパートやマンションを建てるよりも、「初期投資」と「維持費」を抑えられる。**
- **賃貸物件よりも現金化しやすい。**
- **転用の際、撤去する建物がないため、更地に戻す費用も期間も少なくて済む。**
- **「小規模宅地等の特例」が適用されると、50％の評価にまで下げることができる。**

小規模宅地とは、亡くなった人が住んでいた土地、事業をするために使用していた小規模の土地のことです。

小規模宅地等の特例

亡くなった人が住んでいた土地や、事業のために使用していた土地は、相続人の今後の生活にも欠かせないため、特例として評価額を下げ、相続税の負担を軽くするための制度。

亡くなった人が事業や住まいなどに使っていた土地のうち「一定の事業用の土地の場合」は400㎡、「一定の居住用の土地」の場合には330㎡、「一定の貸付用の土地」の場合は200㎡までの部分（小規模宅地等）。


駐車場を経営するのであれば、土地の上に何らかの構築物を敷くことで、200㎡までは50％の評価にまで下げることができます。

小規模宅地等の特例が適用されるには、次ページのような条件があります。

ただし、現在では、「相続が発生する3年以内に購入した貸駐車場」にはこの特例が使えません（相続が発生する直前に相続対策をする人を封じるために、税制が改正されました）。

駐車場経営を相続に役立てたいのなら、早めの対策が重要です。

小規模宅地等の特例が適用される駐車場の条件

条件の一例

- アスファルト舗装をする
- 砂利を敷く
- コインパーキングにする
- 貸駐車場として対価を得る

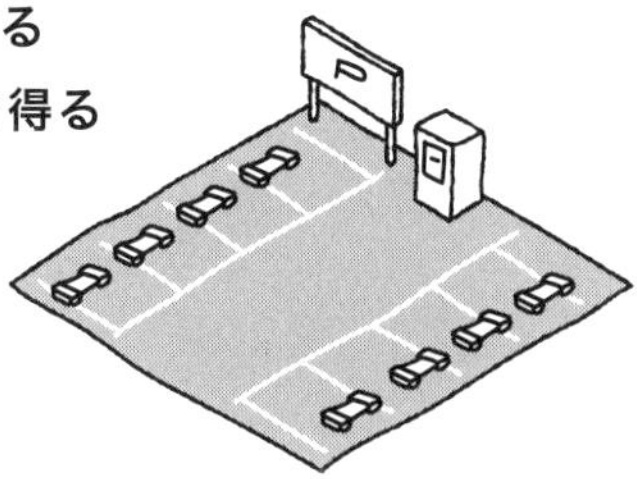

適用されない例

- 親族や知り合いに無償または低額で貸している場合
- 自分の自家用車を止めている部分
- 青空駐車場（ロープを張っただけ、車止めの石があるだけの駐車場）

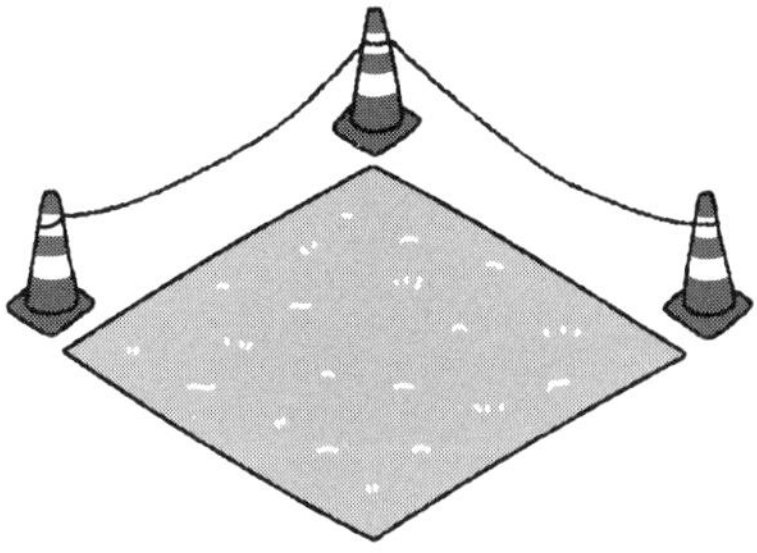

節税と相続対策のため、「有限会社清田商事」を設立する

●年間所得が1000万円以上なら、法人のほうが有利の場合も

農協を退職したのと同じ時期に、私は不動産管理を目的とする「有限会社清田商事」を設立しました。

代表取締役は父で、母は従業員。オーナー（株式の過半数以上を保有）は私です。

不動産を複数所有する場合、**不動産管理会社を設立**すると、「所得税の節税効果」

「相続対策」が期待できます。

目安として、年間の所得が1000万円を上回るのであれば、不動産管理会社を設立したほうが有利になる可能性があります。

【会社設立のメリット】

・個人事業のときよりも、税金の総額を小さくできる

個人で事業をする場合、所得は個人事業主に集中します。個人の所得税は、「超過累進課税」といって「課税対象額が高いほど税率が上がる」ため、利益が出るほど税金の負担が重くなります。

一方、会社を設立し、家族を雇い入れ、役員もしくは従業員として給与を支払えば、個人事業主（社長）に集中していた所得を会社と家族に分散できます。

所得税は、個人単位で税率が決まります。同じ金額の所得を自分ひとりで受け取るよりも、複数で受け取るほうが税額（所得税や住民税）を低くできます。

自分の子どもがまだ「学生」でも、役員に就任させて役員報酬を支払うことができます。ただし、その場合は、

「金額が妥当である」

「会社の経営を決定できるだけの知識を持っている」

必要があります。

・贈与税の負担がなく、資産を分散できる

所得を給与の支払いという形で家族に分配できるので、贈与税（117ページにて詳述）を負担することなく、資産を分散できます。

・納税資金を確保できる

推定相続人（家族従業員など、将来的に相続人になる可能性がある人）に給与を払うことで、将来必要になる相続税の納税資金を確保できます（給与を貯めておいて、納税資金として使う）。

家族へ給与を払うと節税できる

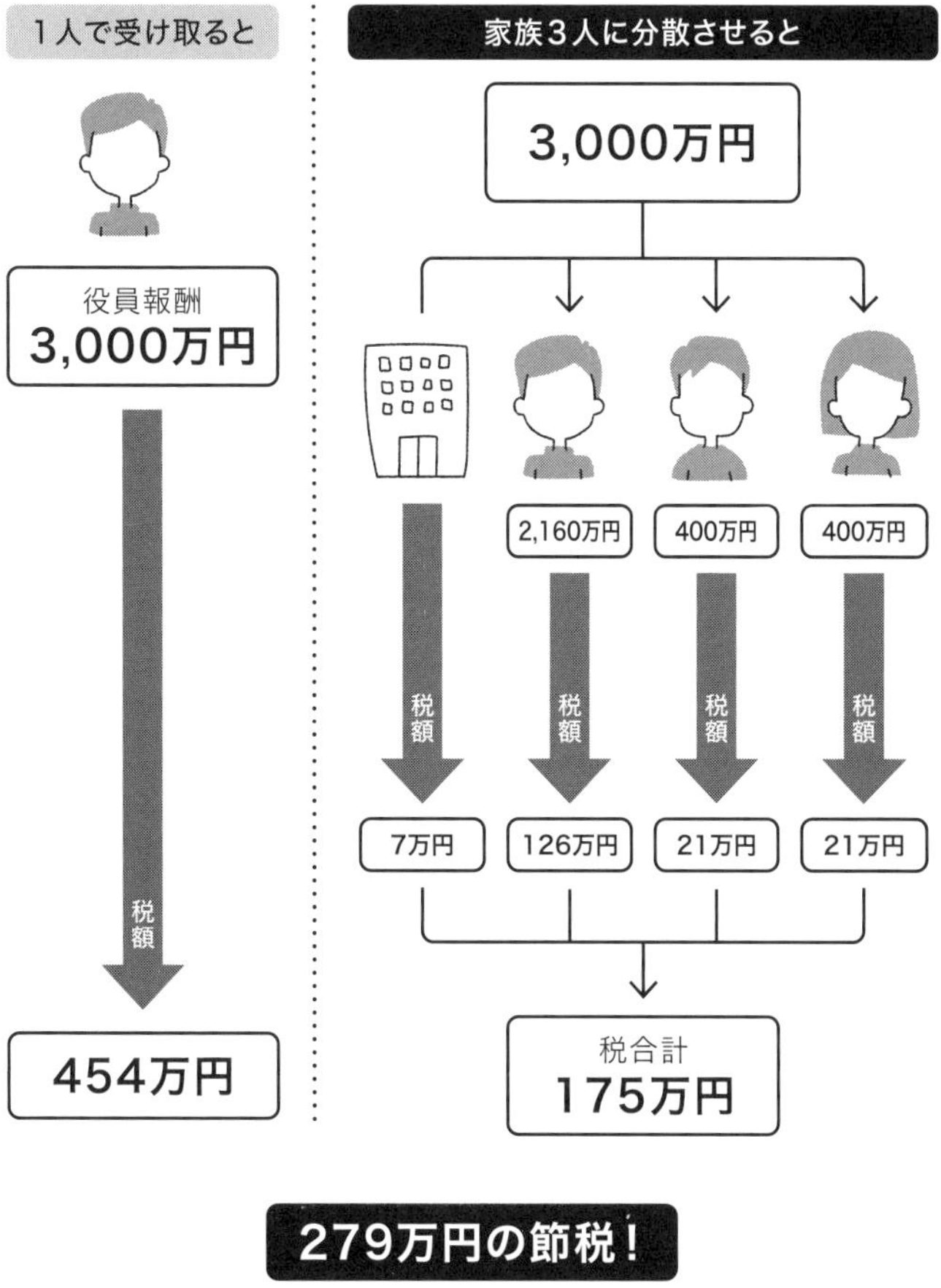

※実際は控除その他の関係で、多少税額が異なります。

納税資金が確保できていれば、相続税を支払うために土地を売却することもないため、結果として多くの土地を残すことにつながります。

・給与所得控除が利用できる

個人事業主の所得は「事業所得」（事業を営んで得た所得）ですが、会社員の所得は、「給与所得」（勤務先から受ける給料・賞与などから控除額を差し引いた所得）です。

会社を設立すると、個人事業主から会社の代表取締役（取締役）に就任し、会社から役員報酬（給与）を受け取ることになります。

給与所得には所得税がかかりますが、「給与所得控除」という名目で一定額を控除されるため、税額は低くなります。

また、役員報酬は会社の経費になるため、会社の利益を圧縮できます。会社の利益が減ると、法人税の負担も軽くなります。

・生命保険料を経費にできる

個人で生命保険に加入する場合、控除されるのは「最大12万円まで」です。

会社の場合、社長や家族従業員にかけた生命保険料を経費にする（損金にする）ことが可能です。

損金とは、会社の費用や損失といった「出ていくお金」のことです。

掛金の全額または半額が会社の損金になります。

被保険者が亡くなった場合、保険金は会社の所得となり、残された親族は「死亡退職金」を受け取ります。

死亡退職金の金額が、

「500万円×法定相続人の数の範囲内」

に収まっている場合は、遺族は非課税で退職金を受け取ることが可能です（「500万円×法定相続人の数の範囲外」ついて、相続税が課税される）。

・会社の所有財産には相続税がかからない

個人事業の場合、経営者が亡くなると、財産のすべてが相続の対象になります。ですが法人の場合、会社の所有財産には相続税はかかりません。会社の資産は株主のものなので、自分の子どもをあらかじめ会社の株主にしておけば、相続税を負担せずに済みます（経営者が所有していた株式は、相続税の課税対象になります）。

・小規模企業共済に加入できる

小規模企業共済とは、個人事業主や中小企業役員のための退職金共済制度です。掛金は「月額1000円から7万円」の範囲で自由に設定でき、最大で「年間84万円」の所得控除が受けられます。

小規模企業共済は、個人事業主でも入ることができますが、法人を設立して家族を役員にしておけば、家族も小規模企業共済に加入でき、掛金を所得控除に使うことができます。受け取るときは、一括であれば退職所得控除、分割であれば公的年金等控除が受けられます。

死亡時に相続人が共済金（退職金）を受け取る場合には、前述した「死亡退職金」と同じ扱いとなるため、

「500万円×法定相続人の数」

の非課税枠があります。

清田商事では、父も母も小規模企業共済に加入していました。

・個人の不動産を会社に貸すと節税になる

社長個人が所有する不動産（賃貸物件、土地など）を「会社に賃貸する」と、節税になります。

他人から物件を借りた場合、支払い先は外部になりますが、社長から賃借した物件については、支払い先は「社長」なので、外部にお金を出さずに、社長の収入を増やすこともできます。

「個人から不動産管理会社が賃貸物件を一括で借り上げて、個人に家賃を払う（**サブ**

リース方式）」

「個人と管理会社が管理委託契約を結び、賃料の回収、入居の募集、不動産の管理を代行する（**管理委託方式**）」

「土地は個人が所有し、建物は会社が保有する（**不動産所有会社方式**）」

など、個人と不動産管理会社の契約形態にはいくつかありますが、いずれの場合も「所得税の節税」と「相続対策」のメリットが期待できます。

社長が所有する賃貸物件が空屋になっている場合と、会社に貸し付けて「貸家」となっている場合には、「貸家」のほうが相続税の評価額が減額されるので、節税になります。

父が7人の孫に対し、15年間贈与をした理由

●自分が亡くなる前（生前）に、財産を与えておく方法がある

父は、2006年から2021年までの**15年間、7人の孫に対し、毎年生前贈与（暦年贈与）をしていました。**

生前贈与とは、自分の財産を別の人に無償で与えることです。

生前贈与

「生前贈与」とは、自分が亡くなる前（生前）に、財産を与える（贈与）こと。

贈与する側とされる側の間で、「あげます」「もらいます」という合意が成立していることが前提。

【相続と贈与の違い】

◎相続

・自分で相続税を払う時期を決められない。

・相続が発生した時点（その人が亡くなった時点）で、所有する全財産に対して課税される（現預金の税金を先に払い、土地の税金は後回しにする、といったことができない）。

・基本的には、法定相続人しか財産を引き継ぐことができない（配偶者と子ども、配偶者と親、配偶者と兄弟姉妹にしか財産を残せない。遺言書があれば別）。

◎贈与

・したいときに、いつでも、何度でもできる。

・自分の意思と関係なく税金が発生することはない。

・全財産を一度に贈与する必要がない。
・贈与税がかかるのは、贈与した財産に対してだけ。
・「どんな財産を、いくら贈与したいのか」を自分で決められる。
・法定相続人に限らず、何人に贈与してもよい。

●贈与税には、「年間110万円」の基礎控除額がある

個人から財産(土地・建物・現金・宝石など)を贈与されると、「贈与税」がかかります。

贈与税

ある人から財産をもらったとき、もらった人に課税される税金のこと。

贈与税は、「相続税がかかる前に、財産をみんなで分けてしまおう」という抜け道を

なくすためにつくられた税金です。そのため、相続税よりも高い税率が設定されています。

何も手続きせずに生前贈与をすると、相続税よりも高い贈与税を支払うことにもなりかねません。

そうならないように、贈与税が非課税となる制度や、贈与の税率が軽減される制度を利用するのが一般的です。

贈与税には、**「年間110万円」の基礎控除額**（それ以内なら税金がかからない額）が決められています。

つまり、「年間110万円を超える財産をもらったとき」は課税されますが、「年間110万円」を超えなければ課税されません。

たとえば、「200万円」の贈与があった場合、

「（200万円－110万円）×10％（税率）＝9万円」

贈与税は9万円です。

年間110万円までは贈与税がかからない

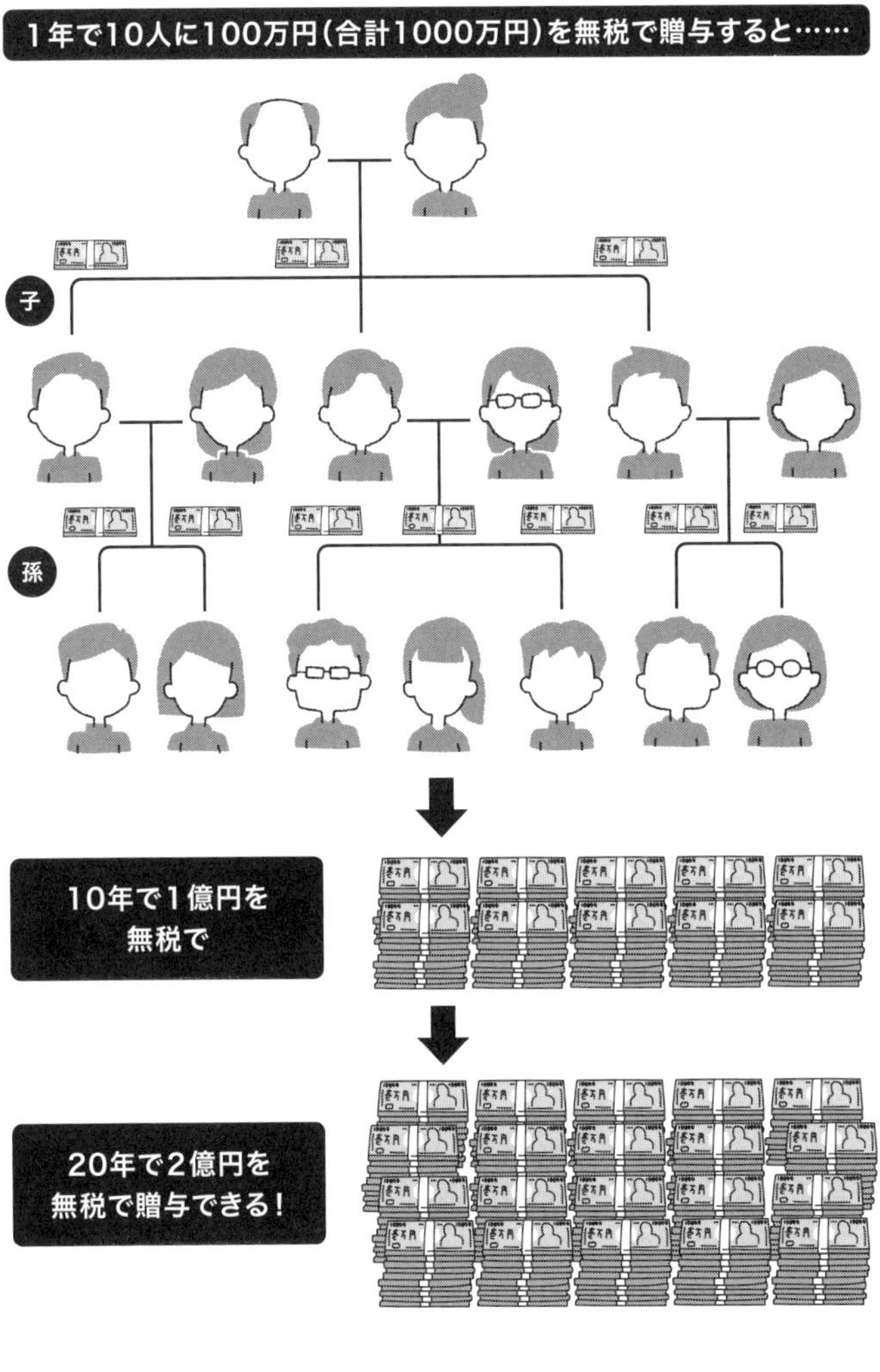
1年で10人に100万円(合計1000万円)を無税で贈与すると……
子
孫
10年で1億円を
無税で
20年で2億円を
無税で贈与できる！

「年間110万円」の基礎控除の範囲内で贈与する分には、税金はかかりません。このメリットを活かすと、億単位の財産を「税金ゼロ」で移すこともできます。

子ども3人、孫7人（合計10人）に、それぞれ「1年間で100万円ずつ」贈与するとします。

「100万円」であれば、基礎控除額の「110万円」の範囲内なので、贈与税はかかりません。

つまり、税金を払うことなく「1年間で1000万円」（100万円×10人）を贈与することができます。

これを10年間続けていけば、「10年で1億円」、20年間続けていけば、「20年で2億円」の財産を「税金ゼロ」で贈与できる計算です。

地道に相続財産を減らしていくこの対策は、「相続発生までに時間的な余裕があり、相続税対策を急ぐ必要がない方」にとっては、有効な生前対策です。

毎年、同じ相手に、同じ金額を、同じタイミングで贈与してはいけない

●「連年贈与」とみなされない工夫が必要

贈与する際、「毎年、同じ相手に、同じ金額を、同じタイミングで贈与している」と、税務署側から「**連年贈与**《れんねんぞうよ》」とみなされ「基礎控除額110万円」を超えていなくても、課税されます。連年贈与だと、贈与税の控除を受けられません。

連年贈与
毎年繰り返し贈与すること。

たとえば、「毎年100万円ずつ、20年にわたって贈与する」場合、20年間で2000万円贈与したことと同じです。

こうした方法は「最初から2000万円の贈与をする意図があった」と判断され、課税されます。

連年贈与とみなされないためには、

・毎年同じ日に振り込むのではなく、時期をずらす（贈与をしない年も間に挟むと、単発の贈与と主張しやすい）

・金額を少しずつ変える（年によっては、110万円を少し超える贈与を行って、贈与税を納めておく）

・子どもの進学や入学に合わせて贈与する

・贈与ごとに契約書をつくっておく

・通帳で記録を残し、受贈者が管理する（印鑑は受贈者自身のものを使用）

などの工夫が必要です。

●孫に生前贈与をすると、税負担がさらに軽くなる

私の父が「子ども（私と姉2人）」ではなく「孫」に生前贈与をしたのは、「孫のために財産を残してあげたい」という個人的な心情のほか、

「3年以内の持ち戻しがされない」

「相続税を1世代分スキップさせられる」

という税務のメリットがあったからです。

3年以内の持ち戻し

生前贈与をしてから3年以内に贈与者が亡くなった場合、贈与した財産の分も相続税の課税対象となること。なお、令和5年度税制改正により、2024年以降の贈与については持ち戻し期間が段階的に3年間から7年間に引き上げられる。

仮に、贈与をはじめて2年後に亡くなると、2年分の贈与財産は、相続財産として扱われ、相続税の対象になります。せっかく生前贈与をしても「3年以内に死亡」すると、相続で財産を譲ったのと税金の計算上は変わりません。

一方、孫への生前贈与なら、原則としては3年以内の贈与でも相続税の課税対象にはなりません。

また、孫へ生前贈与を行うことで、相続税を1世代分スキップさせられます。「父親→子ども→孫」と順番に財産を相続していくと、すべて相続に税金が発生します。ですが、「父親→孫」の生前贈与であれば、「父親から子どもに財産を引き継ぐときの相続税」は発生しません。

●「年間110万円の基礎控除」以外にも、贈与税の非課税枠がある

夫婦間で居住用不動産（自宅など）を贈与する場合は、「2000万円の配偶者控

除」と「110万円の基礎控除」、合わせて、2110万円までは非課税です。

この特例を受けるには、

「結婚して20年以上であること」
「贈与するものが居住用不動産または居住用不動産を取得するための金銭であること」
「その不動産に引き続き居住する見込みがあること」
「同一の配偶者からの贈与で過去にこの特例を受けていないこと」

が条件です。

たとえば夫の名義で、評価額6000万円の居住用不動産（マイホーム）があった場合、3分の1（2000万円分）を妻に贈与しておけば、控除額以下なので贈与税はかかりません。

贈与をしなければ、夫の死後、6000万円に相続税がかかります。けれど、贈与をしておけば、夫の財産が2000万円分減るため、相続税を減らすことができます。

また、父母や祖父母から、

「住宅取得等資金の贈与」

「教育資金の一括贈与」

「結婚・子育て資金の一括贈与」

を受けた場合、一定の要件を満たすと贈与税の非課税枠が使えます。

贈与税の支払いを「後回し」にする方法がある

●「相続時精算課税制度」で贈与税を「後回し」にする

生前贈与をするとき、**「相続時精算課税制度」**を利用すると、「贈与税をいったん先送り」にすることができます。

わかりやすく言うと、

「親が子どもに生前贈与したとき、2500万円までは、ひとまず税金を払わなくていい。その代わり、親が亡くなって残りの財産を相続したときに、相続した財産（亡くなってから受け取った財産）と、贈与された財産（亡くなる前に受け取った財産）

を加算して相続税を計算する」という制度です。

つまり、贈与税を後回しにし、相続が発生したら、相続税として税金を「精算する」という制度です。

2500万円までは贈与税は非課税です。相続時に加算されて相続税がかかります。2500万円を超えると、2500万を超えた額に対し、「一律20%」の贈与税がかかります。そして、合算して精算をした時点で、すでに支払い済みの贈与税の額が差し引かれます。

この制度が使えるのは、「60歳以上の親または祖父母から18歳以上の子や孫」にかぎります。ただし、住宅取得等資金贈与の場合は、この要件が変わることがあります。

この制度にはメリットだけでなく、デメリットも存在します。「得か、損か」の判断が非常に難しいので、相続専門の税理士に相談したうえで利用を検討したほうがいいでしょう。

【相続時精算課税制度のメリット】

・2500万円という大型の控除がある（2500万円までは贈与税がかからない）。
暦年贈与の場合、控除は年間で110万円までしか適用されないため、2500万円を非課税で贈与しようとすると、約23年かかる。

しかし、相続時精算課税制度を利用すれば1回で2500万円を無税で贈与できる。

さらに、2024年1月1日以降は、相続時に持ち戻し対象とならない110万円の基礎控除が新設される。

・贈与額の合計が2500万円を超過した分も「一律20%」しか課税されない。
暦年贈与の場合、2500万円以上の金額に対しては税率が45~55%（累進課税）もかかってしまう。

・区画整理や都市開発事業の計画が決まっていて、「確実に値上がりすることがわかっている土地」を持っているなら、この制度を利用したほうが有利。

・生前に多くの贈与ができるため、相続時の争いを防止できる。

【相続時精算課税制度のデメリット】

・一度でも使うと、暦年贈与が使えなくなる。

・相続時に加算される贈与財産の額は、「贈与の時点」での評価額なので、相続時に節税になるとはかぎらない。

仮に、生前贈与で「評価額2000万円」の土地を贈与した場合、この土地の評価額が相続時に「1000万円」に下がっていたとしても、「2000万円の評価額」として加算される。

贈与しなければ、相続時には「1000万円」で評価されたのに、生前贈与をしたために、「1000万円の価値しかないのに2000万円の価値がある」とみなされる。

相続トラブルを回避するために、遺言書をつくっておく

●「遺産分割のしかた」と「家族への想い」を遺言書に残す

父が亡くなる20年以上前から、私は父に「**遺言書**」の必要性を伝えていました。

遺言書は、被相続人が、遺産相続についての最終的な想いを伝える書面です。

父は、遺言の中身について司法書士と相談をしながら、

「遺産分割のしかた」

と、

「家族に対する想い、感謝の気持ち」

を遺言書に残していました。

遺言（いごん・ゆいごん）

ある人の生きている間の最終的な意思決定（財産の分割方法など）を、その人が死んだあと、具体的に実行させるための方法。満15歳以上になれば、いつでも作成できる。

父が「病気になってから」ではなく、「まだ元気なとき」に遺言書の作成をお願いしたのは、

「亡くなる直前だと、父の死が現実味を帯びてくる（父が死を意識して、動揺しかねない）」

「仮に認知症などで判断能力がなくなった場合、遺言が残せない」

「相続をする子どもたちにとって、相続のことは尋ねにくい」

「家族に対する父の想いを残してほしい」

といった配慮からでした。

遺言書作成の依頼先は、弁護士、司法書士、行政書士、税理士、金融機関などです。相続税対策なら税理士、権利関係の複雑な不動産がある場合は司法書士、相続トラブルの起きる可能性が高いときは弁護士、気軽に遺言書を作成したい人は行政書士など、それぞれの専門家によってメリットやデメリット、費用が異なります（父は不動産を所有していたため、司法書士に依頼しています）。

どの専門家に依頼すればいいかわからないときは、相続に精通するコンサルティングファームに相談するのがよいでしょう（コンサルティングファームであれば、弁護士、司法書士、行政書士、税理士が在籍しているため、適任者が見つかりやすい）。

遺言書の種類、つくり方は法律で定められていて、それ以外の方法で作成されたものは無効です。

「あの人は、生前にこう言っていた」といった口約束や、録音テープや動画を残していても、遺言としての法律上の効力はありません。

遺言には、大きくわけると、

「自筆証書遺言《じひつしょうしょいごん》」

「公正証書遺言《こうせいしょうしょいごん》」

の2種類あります。

父が作成したのは、公正証書遺言です。法律に詳しくない場合、自筆証書遺言だと不備が残り、認められないケースがあるからです。

自筆証書遺言

遺言者が自分で全文、日付、氏名を書いた遺言書。自筆が条件であり、代筆やテープへの録音は無効だが、平成31年1月13日以後は自筆でない財産目録を添付して自筆証書遺言を作成できるようになった。また法務局に作成した遺言を預けることもできる。遺言者がひとりで作成できるので、費用もかからず、簡単に作成できる。財産の情報が外部に漏れることもない。しかし、紛失や偽造のおそれがあり、内容に不備があると無効になる。

公正証書遺言（138ページに例を掲載）

公証役場（公正証書の作成を行う官公庁）で作成してもらう遺言書。専門家が作成するため法的効力が強く無効になりにくく、紛失や偽造のおそれもない。ただし、財産の価格をもとに公証人手数料がかかる。

●規定どおりに相続が行われることは少ない

約6800件の相続案件を見てきて思うのは、

「うちには財産がないから、遺言書なんて書かなくても大丈夫」

「うちは兄弟仲がいいから、財産の分割で揉めることはない」

と考えている人のトラブルが増えていることです。

前述したように、相続が発生した場合の「法定相続分」（誰が、どれだけの財産を受け継ぐか）は、民法で決められています。

ところが、現実には、

「財産が不動産だと、きれいに分割できない」

「親の面倒を見てきた子どもと、そうでない子どもが同じ配分でいいのか、といった心情的なわだかまりがある」

「被相続人の中には、配偶者や子どもだけでなく、孫や親戚にも財産を残したいと考える人がいる」

といった理由から、規定通りに相続が行われることはまれです。

したがって、次のような場合には、揉めごとが起きないように遺言書を作成して、

「誰に、どの財産を、どれだけ譲るか」

をはっきりさせることが大切です。

遺言書を残したほうがいいケースとは

- 不動産など、分割しにくい財産がある
- 法定相続人以外にも財産を譲りたい
- 特定の人に特定の財産を指定したい
- 夫婦の間に子どもがいない
- 相続人がいない
- 前妻（前夫）との間に子どもがいる
- 社会的に意義のある団体に寄付をしたい

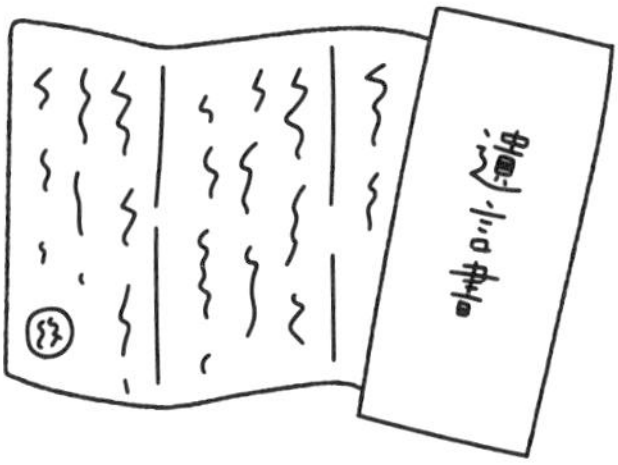

第３条　遺言者がこの遺言を作成する趣旨は、次の通りである。

遺言者は長年連れ添った妻花子の今後の生活が心配でならない。遺言者の財産は一人で築いたものではなく、妻花子の協力によるところが大きい。相続人長男〇〇および長女〇〇は第１条に定める相続を了解して、花子が幸福に暮らせるように協力してほしい。

したがって、遺言者の意思を尊重し、遺留分侵害額請求などしないようにお願いする。

公正証書遺言の例

令和○○年第○○号

遺言公正証書

本公証人は、遺言者○○太郎の嘱託により、証人○○、同○○の立会いのもとに、遺言者の口述した遺言の趣旨を筆記して、この証書を作成する。

第1条　遺言者は、その所有する次に掲げる不動産を含む一切の財産を遺言者の妻○○花子に相続させる。
1　横浜市○○区○○一丁目1番1号　宅地 165㎡
2　前記同所所在
　　家屋番号○○番
　　木造瓦葺2階建居宅　1階 80㎡　2階 50㎡
3　○○銀行○○支店の遺言者名義の預金全部

第2条　遺言者は、この遺言執行者として、次の者を指定する。遺言執行者はこの遺言を執行するため、○○銀行○○支店の預金の解約、払戻、名義書換請求を請求する権限及びその他この遺言執行のために必要な一切の権限を有する。
住所　横浜市○○区○○二丁目1番1号
職業　行政書士　○○
　　　　　　昭和○○年○○月○○日生

遺言書を残す3つのメリット

●遺言書の内容は、法律よりも優先される

遺言書に相続の方向性を指示しておけば、相続トラブルを未然に防ぐことができます。

遺言書に記載された内容は、法律で定められた割合よりも優先されます。

遺言書のメリットは、おもに「3つ」あります。

【遺言書のメリット】

①遺産分割が円滑に進む

「長男には土地を残し、それ以外の子どもには現金を残したい」といったように、家族関係の状況に応じて財産を分けることができます。

②法定相続人以外にも財産を譲ることができる

「孫にも財産を遺贈したい」

「介護をしてもらった長男の嫁にも財産を残したい」

「お世話になった友人に財産を渡したい」

「ボランティア団体に寄付したい」

など、法定相続人以外にも財産を残すことができます。

ただし、法定相続人には「遺留分《いりゅうぶん》」が認められています。

遺留分とは、

「一定の相続人のために、法律上、必ず残しておかなければならない遺産の一部分」

のことです。

仮に兄弟が2人いて、遺言書に「すべての遺産は長男に譲る」と書いてあったとしても、次男が遺留分の権利を主張すれば、一定の範囲内で取り戻すことができます（遺留分侵害額請求といいます）。

③相続税申告期限内に申告ができる可能性が高くなる

遺言書がないと、相続人全員で**「遺産分割協議」**を行うことになります。遺産分割協議とは、「亡くなった人が残した財産を、どのように分けるかを相続人全員で話し合うこと」です。

遺産分割協議（書）

遺産の分割方法を相続人全員で協議して定め、書面を作成する。相続人の数だけ作成し、全員の署名、実印を押印して各自1通ずつ保管する。

人数が多くなるほどさまざまな意見が飛び交い、話がまとまりにくくなります。遺産分割協議書は、相続人の中でひとりでも納得できない場合は、成立しません。全員の同意が必要です。

相続税の申告期限内に遺産分割が確定しないと、未分割で申告することになり「小規模宅地等の特例の適用」や「配偶者の税額軽減の適用」が受けられなくなります。

私が「遺言どおり」に分割しなかった理由

●遺言があっても、遺産分割協議はできる

遺言書は、相続が起こるまで（本人が亡くなるまで）は、いつでも、何度でも内容変更が可能です。

家族関係が変化した場合、自分の気持ちが変化した場合、資産の組み換えがあった場合は、遺言の内容を見直します。

私の父も、大きな資産の組み換えのタイミングで、遺言書を書き換えていました（計2回変更）。

清田家の場合、「父が亡くなったあと、はじめて遺言の内容を知った」わけではありません。私は遺言執行者として、事前に遺言の内容を把握していました。

遺言執行者とは、遺言者に代わって遺言の内容を実現させる人のことです。

2人の姉も「こういうふうに分割しようと思うから、みんなで協力して。遺言の執行は幸弘に頼むから、幸弘に協力してあげて」と父から連絡を受けていて、遺言の内容に納得していました。

父が亡くなったあと、遺言書の内容にもとづいて遺産の分割を進めましたが、じつを言うと、「100%、父の意向を汲んだ」「100%、遺言どおりに財産を分割した」わけではありません。

父は、姉2人に「いくら財産を残すか」を遺言書に書き記していました。ですが、その金額から相続税を支払うと、姉たちの手元に残る金額は目減りします。

そこで、姉2人が支払うことになる相続税を私が負担することにしました。

つまり、父が示した金額が「丸々、姉たちに残る」ように、遺言書に提示されている金額よりも多く分配したのです。

遺言書の効力はとても強いため、相続人は遺言書にもとづいて財産を分割します。ですが遺言があったとしても、遺言で禁じていなければ相続人全員による遺産分割が可能です。私と姉たちがそうしたように、分割協議書は遺言にかかわらず、作成できます。

●財産だけでなく、親の気持ちも受け継いでいく

清田家の相続がスムーズに進んだのは、「私が専門家としてアドバイスをした」こと以上に、父が「母、私、２人の姉」のことを親身に考えた上で、相続の方向性を遺言書に示してくれたことが大きかったと思います。

親が子どもに残すものは、「財産」だけではありません。家族や土地に対する「想

い」も残していきます。

同じように子どもが親から譲り受けるのは、「財産」だけではありません。親の「想い」も受け継いでいきます。

今回、当事者として相続を経験した私は、

「相続で大切なのは、気持ちである」

「相続するのは財産だけではなく、親の気持ちも受け継いでいく」

ことを実感しています。

さまざまな相続対策を組み合わせて、合法的に税金を減らす

●相続税の負担を軽くする方法は、まだまだある

私と父が行った

・遺言書の作成
・生前贈与
・賃貸物件の建築、購入
・問題地の解消
・小規模宅地等の特例

・小規模企業共済の加入
・不動産管理法人の設立

といった相続対策以外にも、相続税の負担を軽くする方法があります。順にご紹介します。

●生命保険の加入

被相続人の死亡によって取得した生命保険金（死亡保険金）は、相続税の課税対象になりますが、「非課税枠」が認められています。

【生命保険金（死亡保険金）の非課税枠】
500万円×法定相続人の数

たとえば、法定相続人の数が4人の場合には、「500万円×4人」で、

「2000万円までは非課税」です。
一方、預貯金で2000万円残した場合には、2000万円すべてに相続税がかかります。
同じ2000万円でも生命保険金であれば、無税です。

また、相続財産が不動産ばかりだと、多額の相続税が発生した場合に、不動産を売却して納税資金を捻出《ねんしゅつ》するか、その不動産をそのまま税金として納める（物納といいます）ことになります。

ですが、生命保険に加入して受取人を相続人にしておけば、受け取った生命保険金を納税に使うことができます。不動産を手放す必要はありません。

「長男には土地を引き継がせ、次男には生命保険金（現金）を残す」といった分割も可能です。

●養子縁組

「孫」や「実子の配偶者（長男の妻など）」を養子にすると、おもに、次のメリットが得られます。

・相続税の基礎控除額が増える（ひとり当たり600万円）

相続税の基礎控除額（税金がかからない額）は、「3000万円＋（600万円×法定相続人の数）」で決まるため、法定相続人の数が多いほど、相続税を抑えることができる。

・生命保険、死亡退職金の非課税額が増える（どちらも、ひとり当たり500万円）

生命保険と死亡退職金には、「500万円×法定相続人の数」の非課税枠がある。法定相続人が増えると、非課税限度額も増える。

・相続人の税率が下がる場合がある

相続人が増えるとひとり当たりの相続分も減少するため、税率が下がる場合がある。

・相続を一世代飛ばせる

親から子、子から孫と2回相続税を払うことがなくなる。

民法上では養子縁組は何人でも可能です。しかし、相続税法においては、法定相続人の数に含めることができる養子の数が定められています。

・実子がいる場合は、養子のうちひとりまで
・実子がいない場合は、養子のうち2人まで

養子となった孫に対する相続税額は「2割加算」されますが、それでも、相続財産が多額な場合は、大きな節税効果が見込めます。

ただし、税制上のメリットはあっても、「実子と養子が自らの権利を主張し合う」「家族が養子を迎えることに抵抗がある」など、養子縁組には感情面でのデメリットもあります。養子縁組を考える際は、家族間でよく話し合うことが大切です。

●固定資産税評価額の見直し

固定資産税は、毎年1月1日時点において固定資産（土地・家屋など）を所有している人が納める税金です。税額は、「固定資産評価基準」にもとづいて決まります（相続税で基準となる価格とは異なります）。

土地・家屋の価格は3年ごとに改正されますが、まれに、固定資産税評価額が誤っていることがあります。

固定資産税評価額を見直し、「正しく評価されているか」を確認してみると、毎年の税負担が軽くなる可能性があります。

●青色申告

青色申告は、確定申告の種類のひとつです。

毎日の取引を会計帳簿に記帳し、記帳に基づいて申告をすることで、税務上のメリットを受けられます。

個人事業者が家族を従業員として給与を支払った場合、労務の対価として適正と認められる金額であれば、必要経費にできます（支払う給与が高すぎると、適正と認められない場合合あります）。

青色申告を行う個人事業主と生計を一《いっ》にする配偶者や家族従業員のことを「青色事業専従者」といいます。

青色事業専従者に給与を支払うと、

「事業主は経費を多く計上できるので課税所得が減り、所得税の節税になる」

「家族に財産を分配できる」

といったメリットがあります。

●会社（非上場株式会社）の事業承継・株価対策

社長や代表取締役が亡くなった場合、その人が所有していた自社株式を相続することになります。

この株式を相続して、社長としての地位を承継するのが事業承継です。

自社株式を相続する場合、株式の評価額を算定して相続税を納めることになります。

事業承継には、未公開株式の相続税における株価評価、納税資金などの複雑な問題が多く発生します。

自社株式を後継者に売却する場合、売った側には売却益に税金がかかりますし、後継者は買い取り資金を調達しなければなりません。贈与・相続すれば、後継者に贈与税や相続税がかかります。

会社を成長させると、自身の会社の1株当たりの株価（評価額）が上がります。株価が上がれば、株式を承継する後継者に資金負担（譲渡の資金、相続税、贈与税）を強いることになります。

したがって、会社を後継者に譲る前に、株価を下げる対策が必要です。事業承継によって会社の株式を移転させる際には、株価が低いほど円滑に進みます。

経営者が健在であるうちに自社株の評価額を把握しておき、事業承継の方針を決めておくことが重要です。

事業承継には、

「誰を後継者にするか」

「自社株式や個人の財産を、どれくらいの割合で誰に贈与（相続）させるのか」

「分散している株式をどのように後継者に集中させるのか」

「後継者にかかる買い取り資金や納税資金をどのように工面するのか」

など、考慮すべき課題がたくさんありますから、計画的に準備をはじめるべきです。株価が圧縮されたタイミングを見計らって贈与をするのが理想です。（事業承継の株価対策については、拙著『社長、その税金ゼロにできる』（あさ出版）を参照してください）。

有限会社清田商事の社長は父でしたが、オーナーとして株を所有しているのは「私」なので、私のケースでは、株価を下げる対策はしていません。

●会社への貸付金（役員借入金）の精算

中小企業の場合、社長が自分のお金を会社に貸し付けることがあります。社長が会社に貸しているお金のことを「役員借入金」といいます（お金を貸す社長側から見ると、会社への貸付金）。

役員借入金が残った状態で相続が発生した場合、役員借入金は先代経営者の相続財産とみなされます。

父親が社長で会社に1億円を貸し、お金を返してもらうことなく亡くなった場合、「会社には相続財産が1億円ある」とみなされ、相続税の課税対象になります。会社を受け継いだ後継者は、その分の相続税を支払わなければいけません。

父親が会社にお金を貸していて、しかも、回収の見込みがないのなら、相続前に貸付金を清算したほうがいいでしょう。

清算方法は、おもに2つあります。

①貸付金を放棄する

返済の見込みがないお金に相続税が課税されることを考えると、放棄したほうがいい場合があります。

②役員借入金を資本金に振り返る

貸付金は、会社の資本金に振り替える（貸付金を自社株式にする）ことができます。会社は、借入金を返済しなくてもよいかわりに株を発行するのです。この方法を、「デッド・エクイティ・スワップ（DES）」といいます。

この方法なら、貸付金は株へ転換するため、株式として評価されます。

会社が債務超過（負債が大きくなっている状態のこと）の場合、株の評価自体が「ゼロ」であることが多いため、相続税を計算するときに、評価額（社長の財産の評価額）を引き下げることができます。

●家族信託

家族信託とは、文字通り「家族を信じて託す」の意味で、「財産を管理・運用・処分できる権利を子どもや親族に渡すことができる契約」のことです。

家族信託を設定しておけば、財産の所有者である親が認知症になった場合でも、子ども（親族）は財産の管理・運用・処分ができます。

「認知症対策をしたい場合」

「成年後見制度《せいねんこうけんせいど》（次項で解説）以外の方法を検討したい場合」

「障害を持つ子どもがいる場合」

などに必要とされる財産管理方法です。

●成年後見制度

成年後見制度とは、高齢化などにより判断能力が低下した人に対して「後見人」を立てて、金銭管理や法律に関する契約を代わりに行ってもらう制度です。

家庭裁判所によって任命された後見人であれば、判断能力の低下した人の財産管理ができます。

もしも、当事者が判断力の低下で誤った契約や取引をしてしまった場合には、後見人の判断で取り消しが可能です。

相続においては、「相続人の間の遺産分割」「相続人への名義変更」のために成年後見制度を必要とする場合があります。

ただし、成年後見制度の場合、「後見人へ報酬の支払いが発生する」「親族以外の第三者が選出される場合がある」ため、家族の財産を他人に管理させたくないのであれば、「家族信託」を利用して家族のみで資産管理を行うこともできます。

●農地等の納税猶予制度

農地を相続した場合、農地に対して高額な相続税がかかると、農業が継続できない可能性があります。

そこで、農地を取得した相続人が引き続き農業を営む場合、一定の要件を満たせば相続税額の納税の猶予をもらえます。

この特例は、農業を継続するための猶予制度です。譲渡や農地以外への転用、または農業経営の廃止等、農業を営まなくなった場合には、利子税とともに猶予されていた相続税を納付しなければなりません。

私の場合は、「農業を継続する」という選択がなかったため、この制度は利用していません。父が所有していた農地は母が相続しているので、今後は売却をして資産の組み換えを行う予定です。

●事業承継税制

事業承継税制は、会社や個人事業の後継者が取得した一定の資産について、贈与税や相続税の納税を猶予する制度です。

「非上場株式等についての贈与税・相続税の納税猶予・免除」「個人の事業用資産についての贈与税・相続税の納税猶予・免除」が正式名称です。

●墓地、墓石の購入

墓地・墓石は、相続税の非課税財産になります。墓地、墓石、仏壇、仏具などは、祭祀《さいし》財産といい、相続税はかかりません。

ただし、生前に購入する場合と、相続後に購入するのでは、相続税額に大きな差が出ます。いずれ購入するのであれば、「生前に購入する」と、課税対象となる現金が減るために節税が期待できます。

ローンで購入して完済前に亡くなった場合、残額は債務控除にはなりません。生前に現金で購入することが重要です。

●相続税の納付方法の検討

相続税は、

「相続開始から10ヵ月以内」

に、

「現金による一括納付」

が原則です。

相続財産の大半が、現金化しにくい財産（不動産など）の場合、現金での納付が困難になる可能性があります。換金しにくい財産を生前に処分するなどして、納税資金を確保しておくことが大切です。

私の場合は、実家の裏山を売却して得たお金を納税資金に充てました。

「相続税がいくらになりそうか」を試算して、「納税資金（現金）が不足する」ことが明らかであれば、納税資金の調達方法を早めに検討しておきます。

相続税の納税対策

相続税額の試算

遺産総額－基礎控除額＝課税遺産総額
⬇
課税遺産総額×相続税率－控除額＝相続税額

※あくまでも試算。実際は基礎控除のほか、各種の控除や加算される

納税資金のおもな調達方法

● 資産の組み換え

「不動産を売却して現金化する」など。

● 生前贈与

贈与によって譲り受けたお金を蓄えて、納税資金に充てる。

● 生命保険の活用

死亡保険金は、数日で現金化が可能。

● 「納税準備預金口座」の開設

多くの金融機関では、個人・法人を問わず「納税準備預金口座」を開設できる。納税準備預金の利子に対する所得税は、原則として非課税。

● 延納、物納

現金で一括納付できない場合、一定の要件を満たせば、納められない金額について延納の制度を利用できる。延納した金額には利子税がかかる。

延納によっても納付できない場合、金銭による納付ができない金額を上限に、相続財産の物納ができる。

● 金融機関から融資

金融機関から融資を受けて支払う。融資の利率が「延納の利子税」と比べて低ければ、金融機関から借り入れを行ったほうが有利。

第3章

父、亡くなる

父が亡くなりました
90歳でした
心にぽっかり
穴が空きました……
父は6年前から
車椅子での生活が
続いていました
さらに
その翌年からは
老人ホームで
生活をしていました
医師からは
「もって半年」と
言われたあとも
生き続けました
どこかで
この時間がずっと
続いていく感覚が
ありました

人はいつか死ぬ
父の死で、
そんな当たり前の
ことを実感しました
葬儀では
父が守ってきた
土地があったから
農業を続けてきたから
今 自分は税理士に
なっていることを
話しました
ぜんぶつながって
いたのです

２度の手術を受けるも、車椅子生活を余儀なくされる

農作業は重労働です。

収穫した野菜などの重い荷物を運んだり、荷下ろしするため、肩や足腰に大きな負担がかかります。

父も60歳を過ぎたころから、ケガや病気が多くなりました。

椎間板《ついかんばん》ヘルニアを患《わずら》って以降は、足を引きずりながら、痛みを我慢しながら、畑に立っていました。

体力の衰えも顕著《けんちょ》で、２００２年ごろからは少しずつ農作物の販売をやめ、「自分た

ちが食べる分」だけを収穫するようになりました。

父が農作業を完全にやめたのは、2016年、85歳のときです。

2016年に父が母屋で転倒し、入院。この入院が、父にとって、そして家族にとっても、大きな転機となりました。

ひと月のうちに2度の手術を行ったものの、父が快復することはなく、車椅子生活を余儀なくされたのです。

自立歩行はできない。

寝返りも打てない。

もう2度と田畑を耕すことはできない……。

「生涯現役」を疑わなかった父でしたから、落胆は大きかったはずです。

寝たきりの父には介護が必要だったため、退院後は自宅でなく、民間の有料老人ホームに入居しました。

特別養護老人ホーム（特養）であれば、費用の負担を軽くできます。ですが特養は待機者が多いため、すぐには入居できません。そこで、民間施設（有料老人ホーム）を選びました。

場所は、私の自宅から車で10分ほど。父はこの老人ホームに約5年入居し、結果的にここが、終《つい》の住処《すみか》となりました。

特別養護老人ホーム（特養）

基本的に要介護3以上と認定された方が入居する公的施設。有料老人ホームよりも費用を抑えられる。

かつては、「親の老後は家族が見るもの」といった風潮が強かったものの、近年は「老人ホームを利用する」という選択が増えています。

高齢者の中には、

「老人ホームに入る＝家族に見捨てられる」

「老人ホームには自由がなく、生活を強制される」

といった否定的なイメージを持つ方もいらっしゃいます。

ですが父も母も、私も姉たちも老人ホームに対して否定的なイメージを持っていなかったため、入居を後悔したことはありません。

父は、「どうせ入るなら、最高級の部屋で暮らしたい（笑）。ホテルみたいなきれいなホームを探してほしい（笑）」と冗談を言うほど、入居に対して前向きでした。

ちなみに私も、自分の息子に「いい老人ホームに入れてね」と話しています（笑）。

居室《きょしつ》は2人部屋だったため、亡くなる2年ほど前から母も同居しました。母は現在も、この老人ホームで暮らしています。

父が入居して以降、母親も元気をなくしがちでした。ですが、父と同じ施設に入居してからは、同年代の友だちができたり、アクティビティー（施設の催し）にも精を出すようになって、生活に彩りを取り戻したようです。

父と母が残した農地は、荒地にならないように、「草刈り」をしていました。以前は私が草を刈っていたのですが、作業中に肉離れを起こしたことがあって（笑）、それ以降は、業者にお願いをしています。

早めの相続対策は、じつは早めの介護対策でもある

有料老人ホームに入居するには、「初期費用」「月額費用」などのお金が必要です。立地、設備、サービス内容などによって異なりますが、月額費用の相場は「10～50万円」ともいわれています。

かつては病院死比率が多く、「入院して病名がついて亡くなる」ケースが一般的でした。ですが、特別養護老人ホームや有料老人ホームの普及とともに、施設死が増えてきています。

老後を迎えて施設に入るのは、もはや特別なことではありません。充実した設備や

介護サービスを利用するためにも、また、入居一時金や賃料を支払うためにも、早い段階で老後資金を確保しておく必要があります。

介護が必要になってから土地を処分するのでは、間に合いません。父と私が積極的に資産の組み換え（土地の売却や、賃貸物件の建設）を行ったのは、「相続や贈与のため」であると当時に、

「将来的に必要になる老後資金を用意するため」

でもありました。

父が老人ホームに入居できたのは、土地を売却したお金と賃貸収入があったからです。

施設に入居してからも、父と相談をしながら、

「土地を売って、そのお金で賃貸用マンションを買う」

「古い賃貸物件を処分する」

といった資産の組み換えを進めました。

古い賃貸物件の場合、賃貸収入は見込めても、それ以上の修繕費がかかることもあります。ですから、収支のバランスが崩れる前に資産の組み換えを行いました。たとえば、築50年のアパートを2棟取り壊し、整地にならしてから売却したこともあります。

「人生の最期の迎え方」は人それぞれです。絶対的な正解はありません。

元気だったころの父は、「土地を残す」「受け継いできた土地を、次の世代に渡す」ことが家長の役割だと強く意識していました。

ですが、自らの「体力の衰え」と「都市近郊農家の情勢の厳しさ」を考えたとき、土地を処分してでも現金を残すことの必要性に気づいたのだと思います。

新しく購入した投資用マンションを父と見にいく

父が施設に入居したとき、家族全員が、「父のために、やれることはしてあげたい」という気持ちを持っていました。

お見舞いは、週に1回ほど（姉は頻繁に訪問していました）。

ですが、新型コロナウイルス感染症がまん延してからは、控えるようになりました。面会制限もかかっていたため、せいぜい、月に1回程度でした。

体調のいい日に外出許可をいただき、新しいマンションを一緒に見学したこともあります。

私が運転する車に父を乗せて、車の中から眺めるくらいしかできませんでしたが、それでも久しぶりの外出を楽しんでいるように見えました。

施設に入ってからの父は、日によって気持ちの浮き沈みがありました。耐え難《がた》い苦痛《くつう》に苛《さいな》まれたときは、

「早く逝《い》かせてくれよ」

と悲観的になる。

一方で、体調がいいときは、

「外に出て車の運転がしたい」

と、意欲的に話すこともありました。

浮かんだり、沈んだり。

「自分の終わりを意識する時間」と、「前向きに将来を考える時間」、その両方が頭をよぎっていたのだと思います。

人はいつか、必ず死ぬ

亡くなる1年ほど前から父の容態が悪化しはじめ、医師からは、

「いつ亡くなってもおかしくない」

「もって半年程度かもしれない」

と伝えられました。


「最期のときを病院で過ごす」という選択もありましたが、父の望みを聞いた上で、引き続き老人ホームでケアをお願いすることにしました。

亡くなる1ヵ月ほど前、「そろそろ危ない」と連絡を受けてからは、「フェイスシールドとマスクを着用する」「大人数では訪問しない」といった条件付きで、週1回の面会を許可していただきました。

そのころの父は意識が混濁《こんだく》していたのか、ぼんやりする時間が多くなっていました。


母が一方的に話をする。

父はそれを聞いている。

ときおり小さな声で返事をする。

私はそばで2人を眺めている。

そんな時間を過ごしていました。


そして、「もって半年」と言われてから1年後の2021年4月、眠るように、穏やかに、父は旅立っていきました。

90歳でした。

親の死に直面したときの感情は、ひと言では表現できません。ものごとを冷静に、合理的に考える私でさえ、心に穴があいて、割り切れない虚《むな》しさに包まれました。

たしかなことがあるとすれば、
「人は必ず死ぬ」
という実感です。

それまでの私は、「死」をどこか他人事ととらえていました。余命半年と言われながら、その後も頑張って生きている父の姿を見て、この状況が変わらずにまだしばらく続いていく感覚を持っていました。つまり、死と自分との関係をイメージできなかったわけです。

ですが今は違います。

父の死を通して、

「人はいつか、必ず死ぬ」

「自分もいつか、必ず死ぬ」

「人は確実に死に近づいていく」

という事実を受け入れることができるようになった気がします。

第4章

父の相続の手続き・申告をする

相続が発生したら速やかに手続きを始める必要があります
さまざまな手続きがあり締切があるからです
例えば こんな手続きが必要です
財産・債務・遺言書の確認
遺産分割協議書作成
準確定申告（４カ月以内）
各種名義変更
納税（１０カ月以内）
このとき起こりがちなのが財産をめぐって親兄弟が争う相続トラブルです

清田家では
父が早くから
準備をしていたこと
折に触れて
家族に自分の考えを
伝えていたこと
「土地は幸弘に継がせるから
理解してくれ」と
言っていたそうです
死後に初めて
知りました
母と姉2人の
協力があったことで
手続きは円滑に
進みました
父　そして家族に
感謝しています

葬儀費用の一部は、相続税から控除できる

●葬儀費用を引くのと引かないのでは、相続税額が大きく変わる

葬儀業には、「新型コロナウイルス感染拡大防止ガイドライン」が細かく規定されていたため、父の葬儀も、感染対策に配慮しながら執《と》り行いました。

喪主の挨拶では、父の生き方が今の自分の礎になっているというお話をしました。

私が税理士を志したのは、父がこれまで農業に携わり、守ってきた土地があったからです。

さらに父は、地元の顔役として、多くの方の相談にも乗っていました。そして私も今、さまざまな相続のご相談をいただいている。

すべてがつながって、自分がいる——素直な思いをみなさまにお伝えしました。


葬儀参列者は約400人。たくさんの方々が父のためにお集まりくださり、あらためて父の人柄が偲《しの》ばれるようで、感慨深く感じました。


葬儀費用は一般的に、相続が開始したあとに発生するため、「相続税」とは関係がないと思われがちです。

ですが、葬儀費用は相続税から控除できます。

葬儀は、人が亡くなったら必ず行われるものですから、基本的には、「相続財産から支払われるもの」

として、相続財産から引くことができます。

葬儀費用は「平均約200万円」といわれているので、引くのと引かないのでは、税額が数十万円も変わります。

【葬儀費用を控除するときのポイント】

・葬儀費用の控除が使えるのは、相続または包括遺贈によって財産を得た日本国内に住所がある人などである。

・葬儀費用のすべてが控除されるわけではなく、「費用になるもの」と「ならないもの」がある。

●領収書がない場合は、手書きのメモを添付する

葬儀費用を控除して相続税の申告をするときは、証拠書類として領収書を添付します。

ただし、運転手さんへの心づけやお布施、戒名料などは、領収書が出ない場合もあります。そういった場合には、メモを残しておきます（メモでも控除が認められます）。

相続財産から控除できる葬儀費用がある

控除できる葬儀費用

- お通夜、告別式にかかった費用
- 葬儀に関連する料理代
- 火葬料、埋葬料、納骨料
- 遺体の搬送費用
- 葬儀場までの交通費
- お布施、読経料、戒名料
- お手伝いさんへのお礼
- 運転手さん等への心づけ
- そのほか、通常葬儀に伴う費用

控除できない葬儀費用

- 香典返し
- 生花、盛籠等 ※喪主・施主負担分は控除できる
- 位牌、仏壇、墓石の購入費用
- 法事（初七日、四十九日）に関する費用
- そのほか通常葬儀に伴わない費用

メモには、

「いつ」

「誰に」

「何の目的で」

「いくら支払ったのか」

を記載しておきます。

葬儀費用は、相続人それぞれが取得する財産の価格から、「その人が負担する葬儀費用」を引いて控除します。

たとえば、相続人であり喪主のAさんが葬儀費用200万円を負担したとします。

5000万円を相続していたAさんは、5000万円から葬儀費用200万円を引いて課税価格4800万円を求めます。

この課税価格4800万円に対して、計算をしていきます。

相続が発生したら、速やかに手続きをはじめる

●相続が発生したとき、何をいつまでにすればいいのか？

被相続人（財産を譲り渡す人）が亡くなると、相続が発生します。相続には、さまざまな期限が存在します。

・相続放棄・相続の限定承認……3ヵ月以内
・準確定申告……4ヵ月以内
・相続税の申告・納税……10ヵ月以内

相続には期限が設けられているものが多いため、被相続人が亡くなったあとは、迅速に手続きを進めていかなくてはなりません。

清田家の場合、「遺言書が残っていたこと」に加え、「私が遺言執行者として遺言の内容を把握していたこと」「2人の姉も相続の内容を把握していたこと」などの理由から、名義変更などの手続きもスムーズでした。

一般的に、「相続税を算出して申告する」のは大変な作業です。相続税は、「亡くなられた日の翌日から10ヵ月以内」に申告しなければなりません。

私の父のケースだと、2021年4月11日に亡くなったので、申告期限は、2022年2月11日です。

相続税を実際に支払う「納付期限」も申告期限と同じ日となります。

「10ヵ月」と聞くと長いように感じるかもしれません。ですが、遺言書がない場合、財産の洗い出しや評価額の算出には時間がかかるため、あっという間に申告期限がやってきてしまいます。

相続開始（亡くなった日）から申告期限（納付期限）までは、

「亡くなる」

←「遺言書があるか確認する」

←「相続財産がいくらあるか確認する」

←「相続をするか、放棄するか決める」

←

「財産を誰が、どれだけ譲り受けるかを確認する」

↓

「相続税を納付する」

といった流れが一般的です。

具体的には、次ページのとおりです。

相続開始から相続税納付までのスケジュール

①被相続人の死亡（相続開始）

- ●通夜、葬式
- ●初七日
- ●四十九日の法要

↓

②被相続人の財産・債務、遺言書の確認

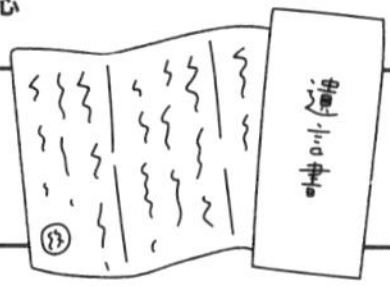

↓

③相続の放棄または限定承認（3ヵ月以内）

↓

④準確定申告／遺産分割の決定（4ヵ月以内）

- ●被相続人が支払うべき所得税の申告・納付
- ●遺産分割協議書の作成
- ●納税猶予を受ける場合の手続き

↓

⑤相続税申告書の提出・納付（10ヵ月以内）

相続開始の翌日から「10ヵ月以内」に税務署に申告・納税する

相続開始から、相続税の申告、納税までの流れを具体的に説明します。

●被相続人の死亡（相続開始）……財産を譲り渡す人が亡くなる

死亡診断書や死体検案書を市区町村に提出して、身内（被相続人）が亡くなったことを届け出る必要があります（一般的には葬儀社が代行）。

火葬許可証を行政から受け取り、火葬の手続きを進めます。

●被相続人の財産・債務、遺言書の確認……遺言はあるか、財産はいくらあるか、相続人は誰か

・遺言書の確認

公正証書遺言の場合には、法律的な効力があります。

自筆証書遺言等の場合、法律的な効力を持つようにするために「家庭裁判所」で検《けん》認《にん》を受けた上で開封します。

「検認」とは、公正証書ではない遺言書について、家庭裁判所がその存在と形式を調査、確認することです。

遺言書がない場合には、「被相続人の出生から死亡までの戸籍謄本」を収集し、相続財産を受け取る権利がある人（法定相続人）を確定します。

・被相続人の財産・債務の確認

亡くなった人の財産や債務がわかる資料を準備し、財産の概要を把握します。
土地の評価については、土地の形状や周囲の状況などを総合的に判断して、評価額を決定します。
不動産の評価を適切に行えるかが、相続税額に大きく影響します。不動産の評価額は計算が複雑なため、相続税に詳しい税理士にお願いをしたほうが確実です。

また、生前に贈与などがあったかどうかも確認します。

「相続開始から2ヵ月目くらい」までには、相続人と相続財産の概算を把握することが望ましいと思います。

【プラスの財産の調べ方】

・預貯金、株式：残高証明書（金融機関で発行してもらうことができます）
・不動産：固定資産税の納税通知書

【マイナスの財産の調べ方】

・銀行からの借入れ：全国銀行個人情報センター
・クレジット会社の借入れ：株式会社シー・アイ・シー
・消費者金融の借入れ：株式会社日本信用情報機構

●相続の放棄または限定承認……相続するか、それともしないか

相続人は、土地や建物などの「プラスの財産」だけでなく、借金などの「マイナスの財産」も引き継ぐことになります。

借金を引き継ぐと、相続人は被相続人に代わって返済しなければなりません。

被相続人に、プラスの財産と借金があった場合、対処法は次の「3つ」です。

【借金があった場合の相続のしかた】

（1）そのまま相続する（単純承認）

借金はあるけれど明らかにプラスの財産が多い場合は、そのまま相続します。

相続の開始を知った日から「3ヵ月以内」に、家庭裁判所に相続放棄や限定承認の手続きをしなければ、単純承認したことになります。

単純承認で借金を相続した場合、借金などのマイナスの財産は相続財産（プラスの財産）から差し引いて計算します。

（2）相続を放棄する（相続放棄）

亡くなった人の残した借金がプラスの財産より大きい場合には、「**相続放棄**」できます。

相続放棄をすると、プラスの財産も相続できませんが、多額の借金を背負わなくて済むことになります。

相続放棄は、「自己のために相続の開始があったときから3ヵ月以内」に家庭裁判所に「相続放棄申述書」を提出する必要があります。

「自己のために相続の開始があったときから」となっているのは、被相続人が死亡したことや自分が相続人となっていることを知らなかった場合があるからです。

相続放棄すると、はじめから「相続人にならなかった」ものとみなされ、相続に関する権利義務が他の相続人に移ります（他の相続人の相続分が増えたり、相続人でなかった親族が新たに相続人となることがある）。

借金の相続を免《まぬが》れるためには、すべての親族が相続放棄をする必要があります。そうしないと他の相続人（親族）が借金を抱えることになり、親族間のトラブルになりかねません。

（3）プラスの財産の範囲内で借金を支払う（限定承認）

限定承認とは、プラスの財産の範囲内で債務を引き継ぐことです。

「借金がどの程度残っているのかわからないとき、あるいは、プラスの財産がどれくらい残されているのかわからないときは、「限定承認」を選択できます。

限定承認すると「プラスの財産と借金の両方を相続」しますが、プラスの財産の範囲内で借金を返済すればよいことになります。限定承認の手続きは、相続人全員が共同で行う必要があります。

限定承認は相続人にとって役に立つ制度ですが、手続きが複雑なので、実際にはほとんど利用されていません。

●準確定申告／遺産分割の決定……相続人が亡くなった人に代わって、所得税を申告する

・準確定申告

準確定申告は、亡くなった人の確定申告です。

確定申告とは、その年の1月1日から12月31日までの所得に対する税金を計算し、税務署に申告することをいいます。

所得税は、「毎年1月1日から12月31日」までの1年間に生じた所得について計算し、「翌年の2月16日から3月15日まで」の間に申告と納税をします。

ですが、年の中途で亡くなった人の場合は、相続人が、1月1日から亡くなった日までに確定した所得金額及び税額を計算して「4ヵ月以内」に申告、納税します。

相続人が2人以上いる場合、「死亡した者の○年分の所得税及び復興特別所得税の確定申告書付表」に相続人全員の名前、住所、個人番号、相続分等を記入し、申告書と合わせて提出します。

・遺産分割の決定……誰が、どの財産を譲り受けるかを確定させる

相続人がそれぞれ取得する財産の確認と、負担する相続税額を算出します。

遺言書がある場合は、遺産分割は遺言書の内容に沿って行われます。

遺言書がない場合は、相続人による「遺産分割協議」によって決まります。相続人全員で「誰が、どの財産を、どれだけ譲り受けるか」を話し合います。

相続財産が預貯金だけなら、預貯金の分け方をみんなで決めて、話し合いが終わるケースもあります。

ですが、土地や建物といった不動産は、平等に分けることが難しいため、相続人同士の話し合いではまとまらないことがあります。

その場合には、早めに弁護士などの専門家に相談するのが得策です。

相続税を亡くなった人の預貯金から納付する場合には、金融機関等の手続きに時間がかかるため、少なくとも、「申告期限の1ヵ月前」には相続税額を確定し、分割協議書の作成を終えておく必要があります。

●相続税申告書の提出・納付

相続税は、相続開始の翌日から10ヵ月以内に税務署に申告する必要があります（正確には、相続開始を知った日から10ヵ月以内）。相続税にはさまざまな特例があります。ただし、期限内に申告しなければ、税額控除などの特例が受けられないものもあります。

自動車、不動産、預貯金を相続するときは、名義変更が必要になる

●遺産分割協議の終了後に、相続財産の名義変更をする

相続が発生した場合、相続財産の名義変更をする必要があります。

名義変更
所有者が変わった際に行う手続きのこと。

名義変更をしないと、「亡くなった人の銀行預金を引き出せない」「不動産の売却が

できない」「不動産を担保にお金を借りることができない」といった不都合が生じます。

相続後に名義変更が必要なものは、おもに

「不動産」
「預貯金」
「自動車、保険契約」
「株式」

の「4つ」です。

私も、父の死後1週間ほどで、すべての名義変更を済ませました。

【名義変更が必要なもの】

①不動産

相続における名義変更は、令和6年4月1日より義務化（遡及適用）されます。

名義変更を行っていないと、その間は売却などが困難になるため、早めに名義変更をするに越したことはありません。

所有者が変わったら、法務局で「所有権移転登記」を申請し、名義を変更します。不動産の名義変更をするには、登録免許税が必ずかかります。登録免許税額は不動産の評価額や手続きによって異なります。

名義変更は、通常2~3ヵ月ほどかかります。

②預貯金（銀行口座）

相続開始を知った金融機関は、亡くなった人の銀行口座を凍結します。すると相続人は、遺産分割が確定するまでは名義変更や解約の手続きができません。

遺産分割が確定したら、必要書類を準備して手続きをします。

遺産分割が決定するまでの間に、亡くなった人の口座から葬儀費用などの支払いを希望する場合は、金融機関で所定の手続きをすれば可能な場合があります。

預貯金の名義変更をするには

おもな必要書類

※金融機関に確認した上で、準備する

● 金融機関所定の相続届

● 被相続人の除籍謄本

除籍謄本は、戸籍の中に入っている人が結婚や死亡、転籍などの理由で全員いなくなった戸籍の写しのこと。役所で発行してもらえる。

● 遺産分割協議書または遺言書

● 相続人全員の現在の全部事項証明書

全部事項証明書は、過去の履歴（所有権の移転、抵当権の設定・抹消など）も含めた記載内容がすべて表示された書面のこと。法務局で発行してもらえる。

● 相続人全員の印鑑証明書

● 亡くなった人の預貯金通帳、キャッシュカードなど

③自動車、保険契約など

【自動車】

相続した自動車に乗ろうと思っている人、売却を考えている人、廃車にしたい人、それぞれ必要な書類や手続きの方法が異なります。

ただし、相続した人が車に乗り続けようと思っているのか、売却や廃車手続きをしようと思っているかにかかわらず、名義変更が必要です。名義が亡くなった人のままでは、売却や廃車の手続きはできません。

【保険契約】

亡くなった人が契約者だった生命保険や損害保険があった場合、今後も加入継続していたほうがよい場合には名義変更（保険契約者の変更）し、そうでない場合は解約の手続きをします。

自動車の名義変更をするには

① 相続発生時に自動車の名義を確認

自動車の名義は車検証に記載。ローンが完済していなければ、「名義はディーラーや信販会社で、使用者は亡くなった人」となっているケースが多い。ローンが残っている場合、残債は相続する人が一括精算するのが通常。

② 自動車を受け継ぐ新しい所有者を決める

遺言書があり、「誰に受け継ぐのか」が記載されている場合は、遺言書を添付して手続きをする。

遺言書がない場合は、「誰が自動車を受け継ぐのか」を相続人で話し合い、遺産分割協議書を用意する。

③ 名義変更の手続きをする

警察署に行って車庫証明を申請後、必要書類を揃えて運輸支局で手続きをする（行政書士やディーラーに依頼することも可能）。

④「自動車をどうしていきたいか」に応じて手続きをする

- **乗り続ける**……保険の引継ぎ・変更が必要になる。
- **売却する**………「印鑑証明書」「自動車検査証」「自動車税納税証明書」「自賠責保険証」など、自動車を売却する際に必要な書類のほかに、「被相続人の戸籍謄本」「遺産分割協議書」が必要になる。
- **廃車にする**……事故や災害で価値のなくなってしまった自動車を処分する場合は「永久抹消」、一時的に使用をやめ自動車税の支払いを止める「一時抹消」がある。

④株式

【上場株式の名義変更】

証券会社の口座で管理されている株式は、証券会社で名義変更をします。

株式の分割方法が遺言書によるのか、遺産分割協議によるのかによって、必要とされる書類が異なります。

【非上場株式の名義変更】

非上場株式の名義変更の方法は、各株式発行会社によって異なります。

株式発行会社へ「株式を相続する相続人名」「株主名簿の書き換えの方法」などを確認しながら名義変更を行います。

相続税は、「払いすぎてしまう」ことがある

●申告期限から「5年以内」であれば、払いすぎた相続税を取り戻せる

相続税は「申告したら終わり」ではありません。相続税の申告期限から「5年以内」であれば、払いすぎた相続税を取り戻せる可能性があります。

とくに、「土地」の保有割合が多い場合、土地の評価を見直すことで、納めた税金が還付《かんぷ》される可能性が高くなります。

還付とは、払いすぎた分が戻ってくることです。

信じられないかもしれませんが、土地の評価額は、税理士によって変わります。また、税務署の担当者によっても変わります。人によって評価額が変わる、つまり、誰が評価するかによって、相続税が多くなったり少なくなったりするのです。

相続に慣れていない税理士は、

「特例や節税ポイントを見逃してしまう」

「相続税の課税対象となる土地の評価が適切ではない」

ため、評価額を正しく算出できないことがあります。

多くの土地を相続した場合は、すでに相続税の申告をすませていても、別の税理士に相談をして、土地の評価額を見直してみましょう。前回の申告よりも「低い税額」が認められた場合は、差額が戻ってきます。

この制度のことを「更正《こうせい》の請求」といいます。更正の意味は「正しくすること」ですから、「正しい相続税額を申請して、払い過ぎた分を請求する」のが更正の請求です。

【相続税の還付を受けられる可能性が高いケース】

・相続税申告の期限から5年以内である。
・遺産の中に不動産が含まれており、土地に少しでも特徴がある。
・自分で相続税申告をした。
・相続税申告の経験が少ない税理士にお願いした。
・土地の実地調査をしていない。
・相続税が思ったよりも高いと感じた。

【減額評価の可能性が高い土地の例】

・不整形地（形の良くない土地・正方形・長方形でない土地）
・500㎡以上の住宅敷地・アパート敷地・田・畑・空地
・市街地にある田・畑・山林
・私道に面した土地
・道路に接していない、または少ししか接していない土地
・道路・通路になっている土地

・道路と地面の間に高低差がある土地
・道幅4m未満の道路に面する土地
・2棟以上の建物を建てている土地
・建物の建築が難しく、通常の用途には使用できないと見込まれる土地
・傾斜のある土地や、一部崖になっている土地
・都市計画道路や区画整理の予定がある土地
・路線価が付設されていない道に面した土地
・道路の間に水路を挟んでいる土地
・土地の中に赤道（里道）や水路が通っている土地
・騒音、悪臭等周囲の住環境が悪い
・墓地に隣接している土地
・高圧電線が通っている土地

私が代表を務める「ランドマーク税理士法人」には、「相続税の計算や財産の評価

方法を見直してほしい」という依頼が数多く寄せられています。

土地を正しく評価した結果、実際に多くの方が相続税の還付を受けています。

【更正の請求が認められた一例】

・地元の税理士に頼んで相続税の申告をしていたが、金融機関から「相続税が還付される可能性がある」ことを聞き、当社へ財産評価の見直しを依頼。

↓約1億7000万円の還付に成功。

・「財産規模に比べて相続税が高いのではないか」と不信感を持ち、当社に見直しを依頼。

↓約1000万円の納税額のうち、800万円の還付に成功。

・普段から利用している税理士に、「これ以上、土地の評価は下がらない」と言われ申告。その後、セカンド・オピニオンとして申告内容の見直しを当社に依頼。

↓1500万円の還付に成功。

・税理士が広大地などの知識を持っていなかったため税額に不安を抱き、セカンド・オピニオンとして当社に見直しを依頼。

↓約5700万円の還付に成功。

・ランドマーク税理法人が開催したセミナーに参加した際、「過去の申告税額について高すぎたのではないか?」と疑問を抱き、当社に見直しを依頼。

↓約2800万円の還付に成功。

税務調査は、ひとごとではない？

●亡くなった人の現金の流れをきちんと把握しておく

相続案件において、**税務調査**（正しく申告、納税が行われているかの調査）が行われる確率は、どれくらいだと思いますか？

税務調査は、相続税案件の「10件に1件の割合」（10％）と言われています。（「ランドマーク税理士法人」が受け持つ相続案件では、税務調査が入る確率は、「約1％」です）。

「多くの預貯金が頻繁に動いている場合」

「相続争いがあった場合」

は、調査対象となることが多いようです。


とくに、富裕層を対象とした税務調査の件数は、増加傾向にあります。相続税は、ほかの税金よりも納税額が高額になるため、税務署も積極的に調査を進めています。

では、税務調査があった場合、どれくらいの確率で「申告漏れ」が指摘されているると思いますか？


約80～90％の確率で、申告漏れが指摘されています。


相続税の税務調査で一番問題になるのは、「現預金」の取引内容です。

国税庁の発表資料（令和2事務年度の相続税の税務調査事績）でも、

「申告漏れ財産の約半分が現金・預貯金、有価証券」

となっており、税務署も預貯金の流れは細かく調査します。

調査は、被相続人名義の預金口座、家族名義預金口座、生前の預金引き出し、生前贈与、過去の入出金、タンス預金にまで及びます。

被相続人の生前の入出金について把握し、贈与の申告などの漏れがないか再度確認することが大切です。

税務調査において、申告内容に誤りが認められた場合は、税務署・納税者・税理士との間で問題点を調整後、税金を納める場合には修正申告書を提出します。

また、戻る部分があれば、更正の請求を行います。

相続トラブルは、コミュニケーション不足が大きな原因

●相続で大切なのは、関係者の感情に配慮すること

税理士として独立して以降、お客様の依頼に対して、「当事者意識を持って取り組もう」「自分事として向き合おう」と考えてきたつもりです。

ですから、依頼人の相続と自分の相続を比べたとき、「大きな違いはなかった」のが実感です。

とくに、財産の評価額の算出、分割協議、遺言書の作成、各種控除の適用といった相続の実務においては、相続人が誰であっても、同じです。私は税理士として、相続のプロとして、粛々と、そして真剣に、手続きを進めました。

ですが、大きな違いはなくとも、「あらためて、強く実感した」こと、「やはり、そうだったのか」と確信したことが2つあります。

ひとつ目は、

「相続を円滑に進めるには、『感情』を大切にしなければいけない」

ことです。

相続トラブル増加の原因のひとつに、

「核家族化が進んで、家族のコミュニケーションが希薄になっている」

ことが挙げられます。

コミュニケーションとは、感情を共有することです。

生前に親子間、あるいは兄弟間のコミュニケーションが不足していると、親は子どもの思いを、子どもは親の思いを共有できないため、遺産分割に対する考え方に行き違いが生まれます。

清田家の相続が円滑に進んだのは、父が早くから相続の準備をして、「家族に向けた自分の考え」を伝えていたこと、そして、母と姉２人の心強い協力があったことが大きかったと思います。

親と子が、あるいは子ども同士が日ごろから連絡を取り合い、お互いの状況を把握するだけでも、相続トラブルを防ぐことは可能です。

●相続対策は、可能なかぎり早くはじめる

２つ目は、

「相続対策は、できるだけ早くはじめたほうがいい」

ことです。

私たち家族は、父が亡くなる20年以上前から相続対策を行ってきました。前述したように、相続には、家族の「感情」が関わってきます。感情を共有するのは時間がかかります。

また、相続財産を評価し、「誰にどの財産を相続させるのか」を決め、相続対策をするのも時間がかかります。

相続は死後に発生するため、家族が元気でいるときは、つい先延ばしにしがちです。ですが、相続のタイミングは、いつやってくるかわかりません。不慮の事故や病気など、突然そのときがやってくるかもしれない。認知症などを患って、正常な判断ができなくなるかもしれない。

そうなってからでは、遺言書の作成も生前贈与も、大きな節税対策もできません。

早く相続対策をはじめたほうがいい理由は、もうひとつあります。

「毎年、税制が改正される」からです。

相続税の税制が改正されると、多くの場合「増税」が予想されます。税負担を軽くするためにも、相続対策は早めに取り組むべきです。

●相続の専門家としても家を継ぐ長男としても、及第点

今回、父の相続に関しては、ほぼ、計画どおりに進みました。

「ほぼ」としたのは、一部、計画外の事態があったからです。

父の生前、「父が所有する土地に企業の独身寮を建設する」という話が持ち上がり、契約を進めていました。ですが父が亡くなったために、急遽、私の名義で建設することになったのです（結果的に、私の相続対策になっています）。

専門家としての知識、経験を総動員して、しっかり対策をとり、準備したけれど、

それでもすべて計画どおりにはいかない。それだけ相続は一筋縄ではいかない、難しいものであるということです。

ただ、この件以外は、円滑に、円満に進めることができたため、「相続の専門家」としての役割も、「家を守る長男」としての役割も、無事に果たすことができたと思っています。

父からも「合格点」をもらえたのではないか……。そう信じています。

今回の相続を自己採点すると……
息子としても専門家としても合格点だったと思います
がんばりました！
よくできました
当初の試算より3割節税できました
3割
円満に進めることができ父も喜んでくれていると思います
ただ計画通りに行かなかったこともありました
契約書
父名義
賃貸物件の契約前に父が亡くなったことです

人はいつか死にます
でもその「いつか」は誰にもわかりません
だから相続は難しい
できるだけ早く準備を始めること それが争いのない穏やかな相続につながるだけでなく節税にもつながります
相続でいちばん大事なことをあらためて父が教えてくれたのです
ありがとう　父さん

おわりに

●相続税が発生する場合は、相続案件に詳しい税理士に依頼する

相続の手続きには、複雑な法律の知識が必要です。

「相続人がひとり（配偶者または子ども）」
「相続財産は現預金のみで、不動産はない」
「被相続人が会社を経営していない」
「平日に時間が取れる（役所は平日対応）」
「書類を揃えたり、申請をするのが苦ではない」

といった条件を満たしているのであれば、自分で相続手続きをすることも可能だと

思います。

ですが、

「相続人が複数いる」

「相続人同士が疎遠である」

「相続財産の中に、分割しにくい不動産などがある」

「事業承継が発生する」

「税額控除を利用したい」

といった場合には、税理士、司法書士、弁護士、行政書士といった法律の専門家に依頼したほうがいいでしょう。


税理士、司法書士、弁護士、行政書士は、それぞれ得意とする業務範囲が違います。

「相続税の納税が見込まれる」のであれば、税金の専門家である税理士に依頼するのが賢明です。相続税の申告は、税法に明るい税理士の得意分野です。

一般の方が自分で税金の計算をして、自分で申告して、その結果として、「間違って100万円も多く税金を支払った」としても、税務署は「間違っていますよ、100万円多いので返金します」とは言ってくれません。

税金を正しく支払うためにも「税理士」にお願いするのが賢い選択だと思います。

ただし、税理士にも専門分野があって、「法人税や所得税の申告は得意だけれど、相続税の申告はしたことがない」という税理士もいます。

「知り合いの紹介だから」「昔からの付き合いがあるから」「うちの会社の顧問税理士だから」という理由だけで税理士を選んだとき、その税理士が相続案件に精通していなければ、

「余分に税金を納めてしまう」

「税負担の軽減を受けられない」

「税務調査に入られる」

確率が高くなります。

●税理士選びに失敗しないための2つのポイント

「相続案件に詳しい税理士か、そうでないか」を見極めるポイントは「2つ」あります。

①書面添付制度を利用しているか

書面添付制度とは、税理士がお客様の税務申告に際して、税理士法に規定される計算事項等を記載した書面を添付する制度です。

「この申告書の数字は、あんな調査やこんな調査をした結果、計算したものです。すでにこれだけの調査をしたのだから、税務調査に入る必要はないですよ」という「保証書」のようなものを付けることをいいます。

書面添付を行うと申告書の信頼性が上がり、税務調査の可能性が低くなることがあります。また、税務調査の前に税理士から意見を述べる機会（意見聴取）が与えられます。これによって「税務調査が省略される」ことがあります。

ただし、すべての税理士がこの制度を用いているわけではありません。添付資料の作成には事務的な負担がかかりますし、虚偽の記載があった場合には、重い処罰を受けることになるからです。

「書面添付制度を利用しているか、していないか」は、税理士を選定する判断材料のひとつになると思います。書面添付制度を利用しているのであれば、それは税理士の「申告、納税」に対する誠実さのあらわれでもあるからです。

②相続税の申告件数は、どれくらいか

税理士の業務の中でも、相続はとくに経験がものをいう領域です。

相続税の納税額は、相続財産の評価によって決まります。相続財産は預貯金、不動産、株式、動産、権利など、経済的価値のあるものすべてです。

税理士によって評価額が変わることがありますので、相続税の申告について実績や

ノウハウが豊富な税理士を選びましょう。

相続に精通した税理士であれば、「生命保険」「賃貸経営」「事業承継」などの対策を検討するときも、専門的なアドバイスをもらえます。

資産の多い少ないにかかわらず、近い将来に訪れる相続に向けて、早めに対策を講じる。これが「幸せな相続」の条件です。

本書がみなさまの助力となることを願ってやみません。

ランドマーク税理士法人　代表税理士
清田幸弘

著者紹介

清田幸弘（せいた・ゆきひろ）

ランドマーク税理士法人　代表税理士
立教大学大学院客員教授
1962年、神奈川県横浜市生まれ。
明治大学卒業。横浜農協（旧横浜北農協）に9年間勤務、金融・経営相談業務を行う。資産税専門の会計事務所勤務の後、1997年、清田会計事務所設立。
その後、ランドマーク税理士法人に組織変更し、現在13の本支店で精力的に活動中。急増する相談案件に対応するべく、相続の相談窓口「丸の内相続プラザ」を開設。また、相続実務のプロフェッショナルを育成するため「丸の内相続大学校」を開校し、業界全体の底上げと後進の育成にも力を注いでいる。
『お金持ちはどうやって資産を残しているのか』（あさ出版）、『都市農家・地主の税金ガイド』（税務研究会出版局）など著書多数。

●ランドマーク税理士法人
https://www.landmark-tax.com/

●相続税申告相談プラザ
https://www.zeirisi.co.jp/

改《かい》訂《てい》2版《はん》
相《そう》続《ぞく》専《せん》門《もん》の税《ぜい》理《り》士《し》、父《ちち》の相《そう》続《ぞく》を担《たん》当《とう》する　〈検印省略〉

2023年　2　月　23　日　第　1　刷発行

著　者――清田　幸弘（せいた・ゆきひろ）
発行者――田賀井　弘毅

発行所――株式会社あさ出版
〒171-0022　東京都豊島区南池袋2-9-9 第一池袋ホワイトビル 6F
電　話　03（3983）3225（販売）
　　　　03（3983）3227（編集）
F A X　03（3983）3226
U R L　http://www.asa21.com/
E-mail　info@asa21.com

印刷・製本　文唱堂印刷株式会社

note　https://note.com/asapublishing/
facebook　http://www.facebook.com/asapublishing
twitter　http://twitter.com/asapublishing

ISBN978-4-86667-493-3 C0030